神社とお寺 おいしい お詣りスイーツ

大浦春堂

講談社

はじめに

神社やお寺にお詣りに行くと、参道においしそうなお餅やお団子などを売るお店が並んでいます。最近では、縁結びにちなんだお菓子や仏様をモチーフにした焼き菓子なども多種多様に販売され、お参りの記念やお土産《みやげ》に買って帰ったことがある人も多いのではないでしょうか。

こうした参道の甘いモノは、１００年以上も前から続く参拝者の楽しみごとでした。なかには時代を超えて愛されている名物も数多く残っている一方で、長い歴史の中で消えてしまった名物もあります。

その一例が、京都の方広寺《ほうこうじ》や誓願寺《せいがんじ》で売られていた、お餅であんこを包み小判型に成形した「大仏餅」

です。江戸時代の文人・滝沢《たきざわ》馬琴《ばきん》は京都旅行をした際の紀行文に、この「大仏餅」を気に入ったことを記しています。

参道で売られたお菓子は餅や饅頭《まんじゅう》、団子といったものが多く、砂糖を使った甘いお菓子を食べることはちょっとした旅の贅沢《ぜいたく》でもありました。小豆は古来、邪気を祓《はら》う食べ物だと考えられていたので、参拝後の厄《やく》落《お》としのお菓子には最適だったといえるでしょう。

本書では参道の名物菓子がいつから売られるようになったのか、歴史を紐《ひも》解《と》きながら解説しています。何百年と続く名物菓子をはじめ、創意工夫を凝らした新しい名物や社寺のカフェ、授与所でお頒《わ》かちいただけるスイーツなどを社寺の見どころとともに写真を交えて解説しています。

旅行が好きな人も、お菓子が好きな人も、本書をきっかけに神社やお寺に関心をもっていただけたら幸いです。

もくじ

序章

はじめに 002
直会 008
社寺詣と参道・門前菓子の歴史 010
参拝のお作法 014
コラム 016

第一章

神社カフェ・寺カフェ

春日荷茶屋・春日大社 018
杜のテラス・明治神宮 020
むすびcafé・川越氷川神社 022
境内茶屋なんしゅう・南洲神社 024
茶寮 報鼓・來宮神社 025
休憩処 さるや・下鴨神社 026
くらしき仏教カフェ・高蔵寺 028
茶庭・萬福寺 030

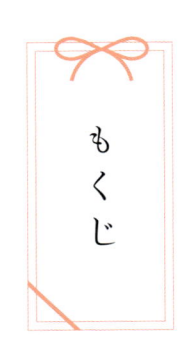

月笑軒・明月院 032
赤門テラスなゆた・金剛院 034
海光庵・長谷寺 036
icho cafe・熊野大社 038

第二章

神様のお下がりスイーツ

石清水八幡宮 040
乃木神社 042
射水神社 044
櫻木神社 045
宮地嶽神社 046
宮崎神宮 048
氷室神社 049
芝大神宮 050
河合神社 052

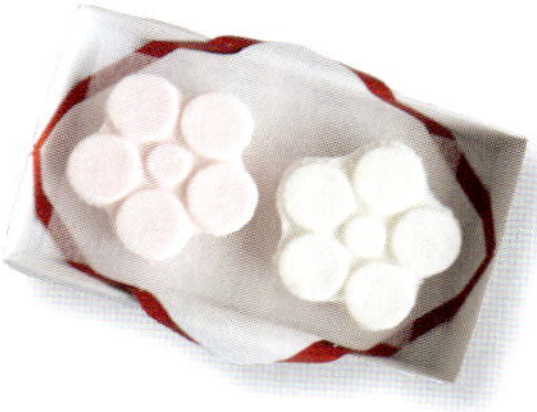

第三章

参道・門前スイーツ

伊勢神宮 054
出雲大社 058
貴船神社 060
御霊神社 062
諏訪神社 063
北野天満宮 064
丹生川上神社下社 066
亀戸天神社 067
伏見稲荷大社 068
氷川神社 069
三宅八幡宮 070
浅草寺 072
城南宮 074
今宮神社 075
熱田神宮 076
平野神社 078
八坂神社 080

由加神社本宮 082
愛宕神社 083
津島神社 084
高尾山薬王院 085
鶴岡八幡宮 086
江島神社 088
南湖神社 089
立本寺 090
多賀大社 091
北海道神宮 092
太宰府天満宮 094
川崎大師平間寺 096
等持院 098
池上本門寺 099
金剛峯寺 100
神田神社 102
彌彦神社 104
法多山尊永寺 105
鹿島神宮 106
吉備津彦神社 108

第四章

祭礼限定のお菓子

あぶりもち（神明宮） 110
山王嘉祥祭（日枝神社） 112
饅頭まつり（漢國神社） 114
上州焼き饅祭（伊勢崎神社） 116
法螺貝餅（聖護院） 118
祇園饅頭（櫛田神社） 120
どら焼（東寺） 122
天神講菓子 124
スイーツ参拝MAP 126

序章

神社でお供え物や食器を「お下がり」としてお頒《わ》かちいただき、参拝できなかった人に持ち帰ったことを「宮笥《みやけ》」といい、のちに土産《みやげ》として変貌していくことになりました。ここでは参道にお菓子が登場した歴史や、お詣りのあとの直会《なおらい》の意義などうんちくをご紹介します。

神様への供物を人が飲み、食べる儀式

直会《なおらい》

神道では神様に捧げたものには御神霊が宿るとされ、人が口にすることで「神様の力をお分けいただく」「神様と一体になる」と考えられました。これを「直会」といいます。

御神前でお祓いをうけ、祝詞《のりと》を上げて御祈願をする神社の昇殿参拝。参列経験のある人ならば、一連の儀式の後に御神酒《おみき》をいただいたことがあるかもしれません。これは簡略化された「直会」の一種です。

神社では祭祀《さいし》が終わると、御神前にお供えした果物や野菜、魚、清酒など神様が召し上がるお食事「御神饌《ごしんせん》」が下げられます。下げた御神饌を神職や参列した人が共に食べる「直会」は、神様への供物《くもつ》を人が飲み、食べることで神様と人がひとつになる大切な儀式なのです。直会の語源は〝元に戻る＝直る〟だとする説があります。これは、祭祀を斎行《さいこう》するにあたり心身を清めた斎戒《さいかい》の状態から元の生活に戻るという意味です。

山車《だし》や神輿《みこし》の渡御《とぎょ》がある祭礼

では、参加する神職や氏子《うじこ》同士の結束も大切なこと。そのため、祭りの始まりに一同で御神酒を飲む場面もあります。また、祭りの後の直会では神職や氏子が共に飲食をして、労をねぎらい合います。一見すると慰労会や打ち上げのようですが、これも立派な直会なのです。

御神酒は、野菜や果物、魚といった供物のなかでも調理をせず口にできることから祭祀の儀式に登場しやすいといえます。昇殿参拝の直会で用いられることは前述のとおりですが、ほかにも神前結婚式でも御神酒は重要な役割をもちます。新郎新婦が夫婦としての縁を結ぶ三三九度の「夫婦固めの盃《さかずき》」がそうです。また、列席したふたつの親族がひとつの親族になる「親族固めの盃」でも御神酒が用いられます。これは御神霊が宿った御神酒をいただくことにより、神様と人、人と人のご縁をつなぐと考えられているからなのです。

直会は本来、こうした神様と人を結び、お力をいただくためのものですが、参拝後にその土地の名物を飲食することも地縁を結ぶ一種の直会だといえるのかもしれません。

おいしい名物菓子はいつ頃登場した？

社寺詣《もうで》と参道・門前菓子の歴史

神社の参道やお寺の門前通りで売られるお菓子のなかには、数百年の歴史をもつものも少なくありません。なぜ参道や門前に名物菓子が誕生したのでしょうか。

旅を楽しんだ江戸時代の人々

江戸時代になると江戸を中心に全国へと繋がる五街道が整備されました。そして宿場町が発展すると、庶民の間でも旅を楽しむ人が次第に増えていったのです。特に盛んだったのが湯治《とうじ》の旅と富士詣、伊勢参りや熊野詣、厳島《いつくしま》詣、四国のお遍路《へんろ》といった社寺詣でした。これには伊勢や出雲《いずも》などの「御師《おし》」と呼ばれる人たちが全国を旅して庶民に布教して周り、崇敬者を増やしたことが背景にあります。関東や中部の農村部では、恵みの雨をもたらすとして信仰された神奈川県・大山《おおやま》阿夫利《あふり》神社へ参拝する大山詣が熱心に行われました。

　参詣《さんけい》の旅にかかる費用は、町内や村などで「講《こう》」を組織して旅費を積み立てる仕組みがありました。くじ引きで選ばれた講の代表者が順番に毎年参詣に出

歌川広重「伊勢参宮宮川渡しの図」　神宮徴古館所蔵

かけるのです。当時の旅は徒歩で目的地を目指す、期間の長いものがほとんど。そのため、宿賃や食費など出費もかさみましたが、講という組織によって裕福ではない人も社寺詣の旅に出ることができました。

人々が熱狂した伊勢参り

「伊勢にゆきたい伊勢路がみたいせめて一生に一度でも」と伊勢音頭で歌われたように、江戸時代の人々は伊勢参りに憧れました。伊勢参りは遷宮《せんぐう》があった文政12（１８２９）年には１１８万人もの人が参拝したという記録があります。それが講によって、一度は伊勢への参詣旅が叶うといった具合だったのです。文政13（１８３０）年のおかげ参りの年には、前年を大きく超えるおよそ５００万人もの人が押し寄せたとする記録もあるほど。これは当時の人口から推計すると６人に１人が伊勢参りに出かけた計算になります。

社寺詣のついでに足をのばす

こうした参詣旅では、神社やお寺をお詣りするついでに観光名所へ足をのばすことが普通でした。江戸時代に発達した高度な木版印刷の普及によって、商業出版が始まります。なかでも各地の名所を詳細に記した「名所図会《ずえ》」や「紀行文」といったものがガイドブックとして流通し、旅への興味をかきたてたのです。とりわけ「名所図会」はひとつのスポットで数十種類以

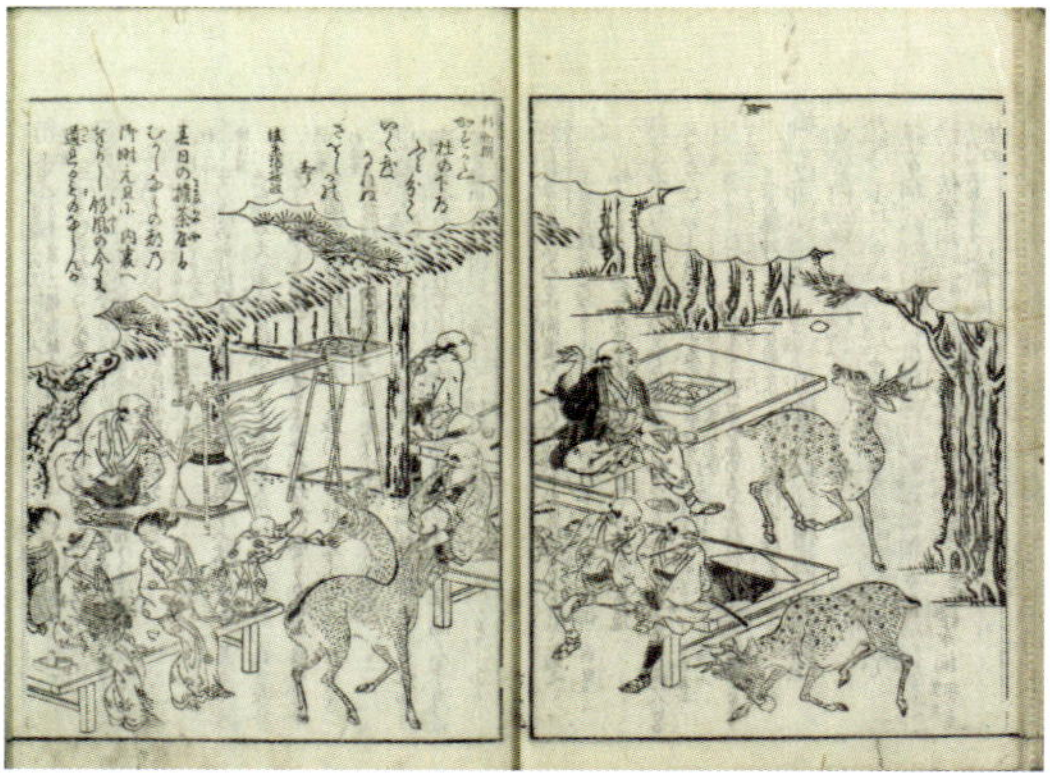

「大和名所図会」

上が発行され、ベストセラーになったものもあります。名所の解説だけでなく、名物などの情報も網羅。現代人と変わらず、江戸時代の人々も旅行では食も楽しみごとのひとつだったようです。

旅のおいしい名物

弥次さん喜多さんの珍道中を描いた『東海道中膝栗毛《ひざくりげ》』や『続膝栗毛』では、3泊4日の京都見物や金毘羅《こんぴら》参りへと出かけました。道中、さまざまな場所でふたりは名物を味わったり、名所を見学しています。また、茶店の威勢のよい呼び込みの様子も綴《つづ》られました。神社の参道やお寺の門前に茶屋があったことは、室町時代後期から作られた参詣曼荼羅《まんだら》で確認できます。その後、五街道の整備によって街道沿いに旅人たちの疲れを癒やす茶屋が増えていきます。供されるのは喉を潤すお茶やお酒、餅菓子や団子などの菓子類から、食事を出す店も出現。次第に地域で採れた特産物を使った桑名の焼き蛤《はまぐり》などといった名物が誕生しました。

甘いお菓子はごちそうだった

しかし、こうした甘いお菓子は当初、庶民が気軽に口にできるものではありませんでした。茶の湯文化が発達した室町時代に和菓子が登場。薬として珍重された砂糖がお菓子にも使用されるようになります。東海道の安倍《あべ》川の名物といえば「安倍川餅」が有名ですが、江戸時代の

歌川広重「東海道五十三次之内 府中 あへ川遠景」

元禄《げんろく》年間（1688～1704年）にはうまいもの名物番付で上位にありました。当初は餅にきな粉をまぶしただけのお菓子でしたが、天明年間（1781～1789年）からきな粉に砂糖を入れた甘いお餅を出して評判を取りました。ただし、蕎麦1杯の価格が16文だった時代に餅ひとつが5文、一盆に2つのっていたので一食10文の安倍川餅は当時としては非常に高価なお菓子でした。一盆食べた男が会計の際に驚いたというエピソードもあるほど。そのため、「五文どりの名物の餅」とも呼ばれたといいます。

江戸時代の中期になると、8代将軍・徳川吉宗がオランダや中国から大量に輸入されていた砂糖の国産化を試みます。四国など西日本でサトウキビの栽培と製糖がすすみ、やがて流通量が増えたことで価格も下落。庶民の口に入りやすい菓子が生まれるきっかけとなりました。

「伊勢参宮名所図会」

歌川国貞（初代）、歌川国久
「江戸名所百人美女の内 浅草寺」

お参りの基本はこの二礼二拍手一礼ですが、出雲大社のように参拝のお作法が異なる神社もあるので、明示されている場合は従ってください。

お参りに行く前に知っておきたい

参拝のお作法

全国各地の神社やお寺は、観光のスポットであると同時に信仰の場でもあります。神様や仏様に失礼のないよう、神社とお寺のお参りのお作法を知っておきましょう。

神社

1 鳥居は一礼してからくぐり、参道は神様の通り道である中央ではなく端を歩きます。

2 手水舎《てみずしゃ》で手と口をすすぎ穢《けが》れを清めます。

3 お賽銭《さいせん》を入れてから鈴の緒（鈴から垂れた紅白の布巻や、麻苧《あさお》巻）を握って静かに鈴を鳴らします。

4 深く二度、礼をします。

5 二度手を叩き、手を合わせて神様にお祈りします。

6 最後に深く一礼をします。

寺院

1 山門の敷居は踏まずにまたいでくぐります。

2 神社と同じく手水舎で手と口を清めます。

3 お線香やろうそくをお供えします。

4 お賽銭を入れ、鰐口《わにぐち》があれば鳴らします。

5 一礼して合掌《がっしょう》し、仏様にお祈りします。

6 最後に深く一礼します。

お参りでやってはいけないこと

帽子を被ったり、サングラスをしたままお参りしない

お参りは神様や仏様の前に行くということ。脱帽し、マスクやサングラス、イヤホンは外してお参りをしましょう。露出度の高い服も避けるのがベターです。

食べたり飲んだりしながらお参りしない

神社やお寺の参道、または境内の露店で売られる食べ物や飲み物はお参りした後にいただきましょう。先にいただく場合には完全に食べ終わってから御神前、御仏前へと進みましょう。

ペットを連れての参拝は注意書きを守る

特に神社は御神域であるため、境内はペットの散歩を禁止しているところがあります。参道の入り口にその旨を掲示している場合はペット連れの参拝は控えて。

写真撮影のルール

SNSの投稿が盛んな昨今。神社やお寺へのお参りは撮影してUPしたくなるものです。

とはいえ宗教施設であることを忘れずに、次のような撮影は慎みましょう。

神職や住職を勝手に撮影しない

装束に身を包んだ神職や住職は思わず写真に撮りたくなりますが、勝手にカメラを向けて撮影するのはやめましょう。どうしても撮影したい場合は「撮影してもいいですか」と一声かけて。

立ち入り禁止の場所に入って撮影しない

境内には参拝者の立ち入りを制限している箇所があります。勝手に入って撮影するのはNGです。

社殿正面や御本殿内部など撮影禁止ルールを守る

神社によっては社殿の正面からの撮影を禁止していたり、寺院でも御本尊をお祀《まつ》りしている御本殿の内部や仏様の撮影を禁止しているところがあります。こうした場合、禁止の掲示がありますから、ルールを守って参拝しましょう。宝物なども同様です。

本書の見方

- 掲載している参拝時間や営業時間、商品名、飲食物の画像は取材時のものです。
- 予告なく変更になる場合がありますので、お出かけの際は最新情報をご確認ください。
- とくに夏休み、年末年始、行事等による変更にはご注意ください。
- スイーツによっては売り切れ終いとなるものがあります。

COLUMN

山形県鶴岡市に伝わる郷土菓子

「きつねめん」

小豆の粉をキツネの顔に固めた「きつねめん」は、古くから作り続けられる郷土菓子です。郷土史によると天保11（1840）年に庄内《しょうない》藩の藩主・酒井《さかい》忠器《ただかた》に突然、国替えの命が下ります。それを聞いた領民20万人が反対運動を起こし、国替えの命は取り下げられました。喜びに沸いた人々はお殿様が庄内に“お居《い》成《な》り”になる、ということでお稲荷《いなり》様にかけてキツネのお菓子を作り、献上したのが始まりです。直接的に神社ゆかりの菓子というわけではありませんが、いかにお稲荷さん信仰がポピュラーだったのかを窺い知ることができるエピソードではないでしょうか。

江戸時代から続く鶴岡駄菓子の製造販売を行う「梅津菓子舗」では、10代目の当主と家族が今も手作業で「きつねめん」を作っています。5匹の顔が並んだ「五面きつね」や「平きつね」、「焼ききつね」など複数の種類があり、通年で買い求めることができます。

DATA ／ **梅津菓子舗** 住 山形県鶴岡市本町2-8-16 時 7:00～19:00 交 JR「鶴岡駅」から庄内交通バス「一日市通り」下車 徒歩3分 休 無休

第一章

神社カフェ・寺カフェ

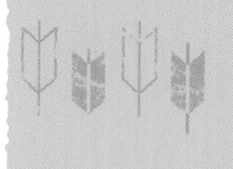

神社やお寺の境内、参道にある茶店は数百年前から登場した施設でした。最近は参拝者の休憩処だけでなく、社寺に親しんでもらうために新たに開かれるものも増えています。

SHRINE CAFE

「大和名所図会」掲載の
茶屋を復活

春日荷茶屋

江戸時代の末期、春日大社の境内に参拝者に茶を振る舞う「荷茶屋《にないぢゃや》」がありました。「火打《ひうち》焼《やき》」という餅菓子が名物だったことが「大和《やまと》名所図会」に記されています。その後、茶屋は姿を消しますが境内の萬葉《まんよう》植物園の50周年を記念し、35年ほど前に復活。今では白味噌仕立ての万葉粥や甘味を供する茶屋として参拝者を楽しませています。おすすめは奈良・吉野の名産である柿を餡《あん》にした柿もなかと抹茶のセット。四季折々の風情を味わえる庭園でいただく一服は格別です。

DATA／春日荷茶屋

時 10:00〜16:30(L.O.16:00)

休 定休日は春日大社ＨＰ参照

1

撮影：桑原英文

春日大社《かすがたいしゃ》

奈良県 奈良市

和銅3（710）年、平城京の遷都に伴い都の守護のため鹿島神宮から勧請《かんじょう》したのが創始と伝えられています。当初は御蓋山《みかさやま》を神山として仰ぎ、社殿の造営は神護景雲《じんごけいうん》2（768）年。神社の創建以来、藤原氏の氏神として篤《あつ》く崇敬されたほか、庶民の信仰も厚く、参道には多くの灯籠が奉納されました。境内には朱塗りの社殿や『万葉集』に登場する草花が植えられた神苑萬葉植物園のほか、国宝殿があり350点を超える国宝が収蔵されています。

2

撮影：桑原英文

1 春日大社の象徴ともいえる中門。奥にある御本殿は春日造と呼ばれる独特の建築様式　2 3000基に火が灯される万燈籠は荘厳な雰囲気　3 神様のお使い・神鹿をモチーフにしたおみくじも人気　4 春日大社のシンボリックな中門や鹿を描いた「仕事守」　5 幸運をもたらす神鹿を描いた「白鹿守」

DATA／住 奈良県奈良市春日野町160　交 JR・近鉄「奈良駅」から奈良交通バス「春日大社本殿」下車　徒歩すぐ　時 夏期（4〜9月）6:00〜18:00／冬期（10〜3月）6:30〜17:00

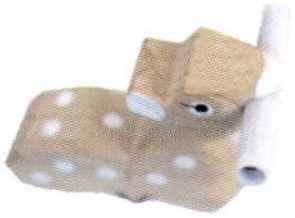

3

4

5

SHRINE CAFE

明治神宮の杜の枯損木を
使った再生カフェ

杜のテラス

DATA ／杜のテラス

時 9:00〜閉門時間（L.O. 30分前）

休 無休（年末年始を除く）

明治神宮の広大な敷地は、神社の造営時に全国各地から献木された約10万本もの樹木を植栽して作られた人工の森です。今では都心にありながら多様な（約三千種もの）動植物が生息する豊かな森に成長しました。造営時から約１００年が経過し、献木された木のなかには残念ながら枯れてしまったものもあります。こうした木材を再利用して、南参道の大鳥居の前に作られたのがカフェ「杜《もり》のテラス」です。神社の杜との一体感をテーマにしており、建物だけでなく家具にも国産材と枯損木《こそんぼく》を使用。椅子には使用されている木の種類も刻印されています。店内では明治記念館のスイーツブランド『菓乃実の杜』の季節のスイーツを食べることができ、参拝後にゆっくりくつろげる場所として評判です。

1

1 2020年には鎮座100年を迎えるため、さまざまな百年祭記念事業が計画されている　2 境内の楠の香りをしみこませて作られた　3「相和守」は、夫婦楠にみたてて2つの御守りがセットになっている

DATA ／ 住 東京都渋谷区代々木神園町1-1　交（南参道）JR「原宿駅」下車 徒歩すぐ　時 月によって異なる（日の出から日の入りまで）

2

3

参拝記念品売店
「杜」で購入できる、
明治神宮の社紋を
イメージした最中
もおすすめ

明治神宮《めいじじんぐう》

東京都 渋谷区

大正9（1920）年に創建された神社で、御祭神には明治天皇と皇后の昭憲皇太后をお祀りしています。境内では大相撲の横綱土俵入りや、子供会などさまざまな催しも行われており、正月の初詣では日本一多くの参拝者が訪れます。両陛下をお祀りすることから、最近では縁結びのご利益があるとして人気を集めています。

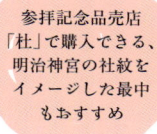

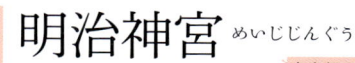

DATA／むすびcafé

時 10:00〜17:00　休 不定休

SHRINE CAFE

縁結びの神様の
お力をいただく神社カフェ

むすびcafé

江戸時代の風情漂う蔵造りの街・埼玉県川越市で縁結びを願う若い女性の参拝が後を絶たない川越氷川神社。その境内にあるのが鎮守《ちんじゅ》の杜《もり》のカフェとして誕生した「むすびｃａｆé」です。参拝後の直会《なおらい》として、結びの神様の力を人々がいただけるようにと願い、県内産の野菜をたっぷり使ったランチや、季節のスイーツを供しています。特徴的なのは「むすびｃａｆé」で食べられる料理やスイーツの材料の一部を、事前に神様にお供えしてから調理していること。神社にお詣りしたあとにカフェで飲食を愉しめば、きっと神様と強くご縁が結べるはずです。また、神道に根ざした日本の年中行事への理解を深めてもらおうと四季折々の行事に関する小物や書籍も販売しています。

1

川越氷川神社

かわごえひかわじんじゃ

埼玉県 川越市

欽明天皇２（541）年に創建と伝わる、およそ1500年もの歴史をもつ古社で、夫婦神や家族神をお祀りすることから「縁結びの神様」「夫婦円満の神様」として信仰を集めています。毎年10月の第３土・日曜に行われる例大祭「川越氷川祭」で曳行《えいこう》される、壮麗な山車《だし》行事はユネスコ無形文化遺産に登録されました。

1 勝海舟の筆による鳥居の扁額や人形《ひとがた》流しができる小川など見どころも多い　2 夏に境内で行われる「縁むすび風鈴」はカメラ愛好家も多く訪れる　3 大切にもつと良縁に恵まれるといわれる「縁結び玉」は１日20体の限定頒布　4 縁が花開くよう願って奉製された「さくらさく守り」

4

3

2

DATA／住 埼玉県川越市宮下町2-11-3　交 JR・東武「川越駅」から東武バス「川越氷川神社」下車 徒歩すぐ　時 境内自由

SHRINE CAFE

かわいい西郷さんが待つ、
ほんわかカフェ

境内茶屋なんしゅう

西郷隆盛をはじめ西南戦争の戦没者が眠る南洲《なんしゅう》墓地。その墓地に隣接して西郷隆盛を祀る南洲神社があります。その南洲神社の参拝者たちの憩いの場として平成29（２０１７）年、社務所の前に誕生したのが「境内茶屋なんしゅう」です。人気は西郷さんのイラストをラテアートにした「せごラテ」。いかついイメージの英雄ですが、茶屋のオリジナルのおみくじや置物など丸みのあるかわいらしいデザインにアレンジされてＳＮＳで好評を博しています。

DATA ／ 境内茶屋なんしゅう
時 10:30〜16:30　休 無休

南洲神社 なんしゅうじんじゃ

鹿児島県 鹿児島市

西南戦争の西郷方の戦没者や西郷隆盛を埋葬した墓地へお参りに来る人が多くなったため、墓地の隣に参拝所が設けられ、大正11（1922）年に「南洲神社」として認定されました。毎年７月に行われる「六月灯」は鹿児島三大六月灯に数えられ、境内へ続く155段もの石段に灯籠が並び多くの参拝者で賑わいます。

1

2

1 社名の「南洲」とは、西郷隆盛の雅号《がごう》にちなんだ　2 西郷隆盛の肖像をかたどった御守りが人気

DATA ／ 住 鹿児島県鹿児島市上竜尾町２-１　交 JR「鹿児島中央駅」から市バス「竪馬場」下車 徒歩７分　時 境内自由

来福スウィーツは
神社周辺の各店舗でも販売しています

DATA ／ 茶寮 報鼓
時 10:00～16:30 土・日・祝は9:30～16:30 休 無休

SHRINE CAFE

縁の始まりの場所を目指す

茶寮 報鼓

來宮神社の参集殿脇に建つ「茶寮 報鼓《ほうこ》」は、神社直営のオープンカフェです。店名となった「報鼓」とは、祭事を始める際に鳴らす太鼓の合図のこと。参拝者がここに立ち寄り、新たな縁の始まりになることを祈念してつけられました。ここで食べたいのは「来福スウィーツ」と名付けられたお菓子たち。來宮神社の御祭神が熱海にお着きになった際に麦こがしや橙《だいだい》、百合根をお供えして喜ばれたという故事にちなみ、宮司《ぐうじ》が中心となってスイーツを開発。茶寮で「来福スウィーツ」として並ぶことになりました。「麦こがしまんじゅう」や「大楠《おおくす》ロール」など御神饌や神社にゆかりのあるお菓子は、参拝の思い出を持ち帰るお土産にもぴったりです。

來宮神社 きのみやじんじゃ

静岡県 熱海市

創建1300年以上の古社で、近年は恋愛成就のご利益があるとして女性の参拝者が増えている神社です。本殿の隣には樹齢2000年を超える大楠があり、昭和8（1933）年には国の天然記念物に指定されました。およそ24mあるという幹を一周すると寿命が1年延びるとの言い伝えがあります。

1

3

2

1 神社には禁酒祈願に来る人も多く、珍しい酒難除守も授与している 2 楠の葉は凶虫を退けるといわれ、浮気虫や賭博虫などさまざまな凶虫除けの「むし除守」がある 3 どっしりと天に向かって力強く枝を伸ばす大楠は神社のシンボル

DATA ／ 住 静岡県熱海市西山町 43-1 交 JR「来宮駅」下車 徒歩5分 時 境内自由

SHRINE CAFE

140年ぶりに復活した
下鴨神社の名物をいただく

休憩処 さるや

DATA ／ 休憩処 さるや
時 10:00〜16:30　休 無休

下鴨神社（賀茂御祖神社）の境内にある「休憩処 さるや」は、あずき処として知られる「宝泉堂」が手がける茶店で、糺《ただす》の森の静けさのなかでゆっくりとお茶をいただけます。ここの名物は葵祭の味として愛された「申《さる》餅」。江戸時代まで葵祭の〝申の日〟に小豆の茹で汁で搗《つ》いた餅をお供えして無病息災を祈り、食べて体を清める習慣がありました。しかし、明治初年に祭礼が法令制度化されたことで申餅の習慣も途絶えてしまいます。平成22（2010）年、宮司家に伝えられた作り方をもとに復元。さるやで一年を通じて食べることができるようになりました。このほか、潔斎《けっさい》期間中に神官の飲み物として供された黒豆茶や小豆粥、お供え物のお下がりの小豆で作った「良縁ぜんざい」などがあります。

下鴨神社（賀茂御祖神社）

しもがもじんじゃ（かもみおやじんじゃ）　京都府 京都市

京都の守護神として崇《あが》められる賀茂建角身《かもたけつぬみの》命《みこと》と、玉依媛命《たまよりひめのみこと》を祀る、京都のなかでも指折りの古社。５月に行われる葵祭は京都三大祭のひとつ。「糺《ただす》の森」と呼ばれる緑豊かな参道は、総面積12万4000㎡という広さの原生林で縄文時代からの古木が生い茂ります。

DATA／住 京都府京都市左京区下鴨泉川町59　交 京阪「出町柳駅」下車 徒歩12分、JR「京都駅」から市バス「下鴨神社前」下車 徒歩すぐ　時 6:30～17:00

1 「古都京都の文化財」を構成する要素として世界遺産にも登録されています　2 糺の森の全域が昭和58（1983）年、国史跡に指定　3 境内を流れる御《み》手洗《たらし》川では土用の丑の日に疫病封じを祈願する「足つけ神事」や、葵祭の「斎王代の禊の儀」が行われます　4 みたらし団子の発祥の地としても有名

1

— TEMPLE CAFE —

倉敷美観地区の古民家で聞く法話

くらしき仏教カフェ

2

白壁の伝統的な町家《まちや》が続く倉敷。その路地裏にある古民家の米蔵を改装したカフェ「夢空間《サロン》はしまや」で開催されるのが、高蔵寺の住職・天野こうゆうさん（高野山真言宗本山布教師）により隔月で行われる法話会「くらしき仏教カフェ」です。法話会というと、仏様の教えについてわかりやすく参加者にお話しするというのが一般的ですが、「くらしき仏教カフェ」では双方向のコミュニケーションを目指して、みんなでお茶をいただきながら参加者の知りたいこと、わからないことに天野さんが答える質疑応答形式を採用。一方的に話を聞くのとは異なり、より理解度を深められると好評です。当日はクリエイターとしても活動する天野さんが描いた仏画をはじめ、手捻《てびね》りで作る土ほとけなども会場に並びます。

DATA／
夢空間はしまや
住 岡山県倉敷市東町1-20
交 JR「倉敷駅」下車 徒歩20分　時 11:00〜18:00
休 火
※法話会のスケジュールははしまやHPを参照

3

高蔵寺《こうぞうじ》

岡山県 倉敷市

承応3（1654）年に開山した寺院で、御本尊は薬師如来。客殿は法隆寺の「昭和大修理」で活躍した宮大工・小川三夫氏による造営で、檀家の法事のほか法話会や寺子屋の会場として使用されています。

DATA／ 住 岡山県倉敷市中島186　交 JR「西阿知駅」からタクシーで5分

1 「重要伝統的建造物群保存地区」に建つ「はしまや」は、平成8（1996）年に楠戸家住宅が文化庁の「文化財登録原簿」に登録されたのを機に、米蔵を改装。カフェの隣にあるスペースをギャラリーとして活用するなど人々の憩いの場となっている　2 一つひとつ手作りしている縁起物は仏様やお坊さん、妖怪などユーモラスなものがいっぱい。法話会のほか天野さんの個展などでも販売している　3 お寺で隔週の土曜に開かれる「こども寺子屋」に通う子供たちに、合掌を教えるために作られたのがはじまりの土ほとけ。「手の中に仏様がいるよ」と教えると上手に合掌ができるようになったという。今では土ほとけを欲しがる人も増え、土産物店にも置かれるようになったそう

TEMPLE CAFE

人が集って縁をつむぐ

茶庭

都会の喧騒の中、突如として現れる静謐な空間、寺カフェ「茶庭《ちゃにわ》」。窓ごしに四季を楽しめる落ち着いた雰囲気が自慢のカフェです。2017年より、木～土曜日限定で萬福寺の境内にカフェを開き、地域の人や観光客をおもてなししています。抹茶やほうじ茶などを上手にアレンジしたメニューは、パティシエでもある店長が「和カフェにぴったりなスイーツを」と考案した自信作。

　また食器や調度品は、昔からお寺で利用してきたものをそのまま活用していて、店内にはノスタルジックな温もりが漂います。「お寺にもっと触れて欲しい」という願いのもと始められたこのカフェでは、月に一度、住職による音楽法要も開催。利用客の希望で仏前結婚式や結婚パーティーが行われたり、大人も子供も集まれるワークショップを開催したりとたくさんの人が集う、とっておきの場所になっています。

1

DATA ／ 茶庭

時 木・金13:00～16:00／土11:00～17:00

萬福寺《まんぷくじ》

大阪府 大阪市

浄土真宗本願寺派の寺院で、慶長6（1601）年、石田三成の一族のものが出家して、関ヶ原の合戦で命を落とした兵の菩提《ぼだい》を弔うために建立されたのが始まりだと伝えられている。約350年間、大阪島之内（中央区）にあったが、昭和33（1958）年に現在地に移転。檀家さんのみならず、多くの人々が集える“開かれたお寺”をめざし、カフェの開設もそのひとつ。住職による音楽法要のほか、寺子屋やさまざまなイベントが行われている。

1 春や秋など気候のいい時期には、店内だけでなく寺庭でくつろぐ人も多い　2 お寺の山門の従来のイメージを覆す、モダンな山門　3 カフェの２階を利用して絵の展覧会を開催　4 茶庭のオリジナルスイーツ「抹茶のアフォガード」は濃い抹茶をアイスにかけて食べるパティシエの自信作　5 仏前結婚式のあとは中庭を利用して、カジュアルなガーデンパーティが開かれる　6 ペットボトルを再利用してつくった流しそうめん。大人が人力で水を流し続けたそう

DATA ／ 住 大阪府大阪市西区南堀江1-14-23　交 地下鉄「四ツ橋駅」下車 徒歩3分　時 要確認

TEMPLE CAFE

「アジサイ寺」に
たたずむお茶処

月笑軒

明月院の境内にあるお茶処「月笑軒《げっしょうけん》」は、北鎌倉の山々に囲まれた風情ある庭を眺めながらお茶がいただけます。四季ごとに異なる表情をみせるので、折々に訪ねたくなる場所です。メニューは抹茶と和菓子のセットをはじめコーヒーとクッキーのセットなど、ほぼ固定。明月院の「月」にちなんだ「ウサギ」をモチーフにした愛らしい器にも注目して。

DATA ／ 月笑軒

時 9:30〜15:30
休 無休
※月笑軒のみの利用でも明月院の拝観料が必要となります。

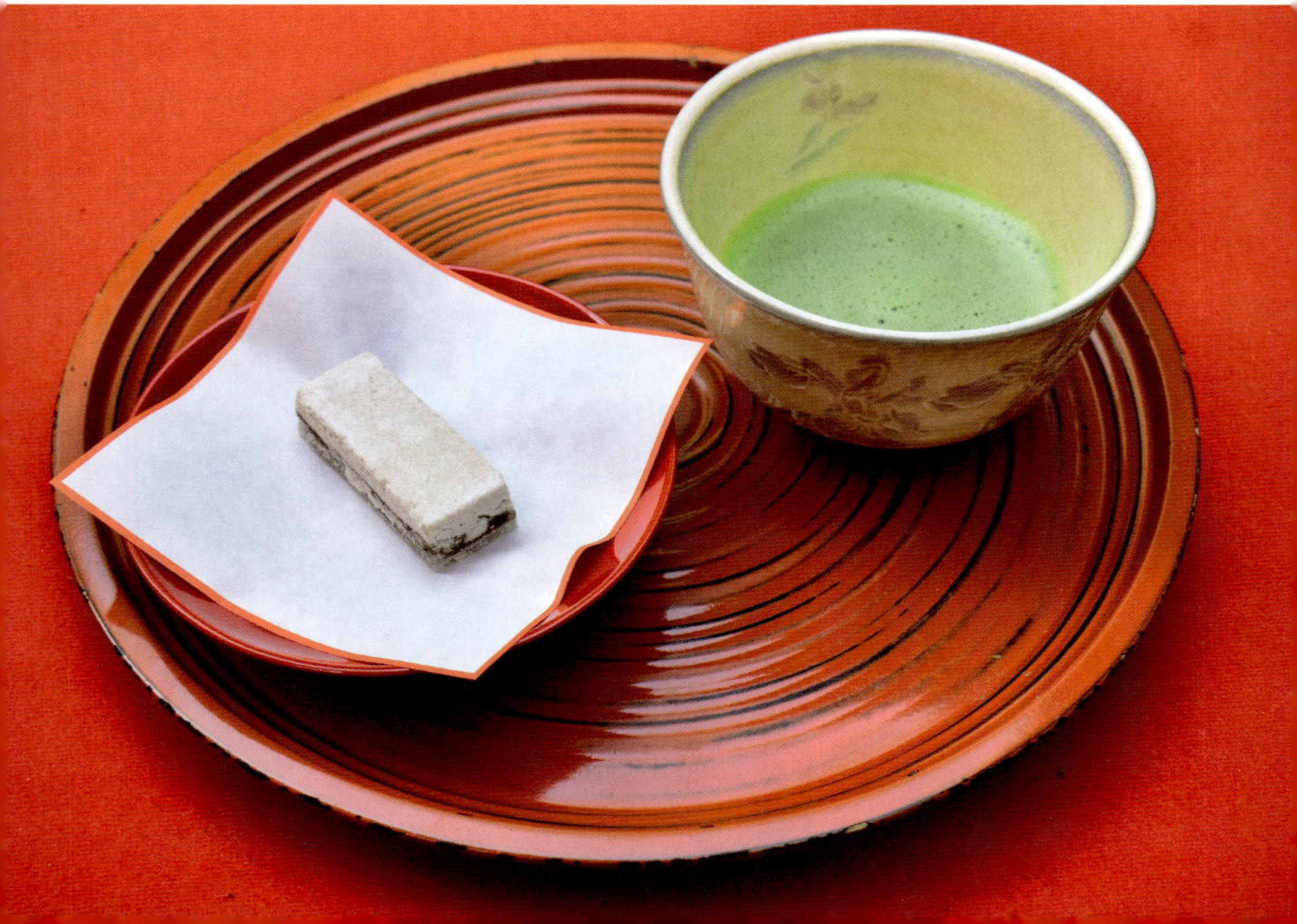

1

4

5

6

2

3

明月院 めいげついん

神奈川県 鎌倉市

永暦元(1160)年に創建の明月庵が起源の寺院で、後年に北条時宗が建立した禅興寺の塔頭《たっちゅう》寺院として明月院に改められました。アジサイの名所としても知られ「アジサイ寺」とも呼ばれます。梅雨の時期には約2500株ものアジサイが総門、山門へと続く参道の両脇に咲き乱れ、その美しい光景を求めて多くの人が訪れます。

1 方丈にある円窓「悟りの窓」はアジサイと並んで有名　2 参道の両脇に広がる青一色のアジサイ。日本古来のヒメアジサイという種類で、その統一感のある美しさは「明月院ブルー」と呼ばれる　3 鎌倉では珍しい、枯山水《かれさんすい》庭園が見られる　4 明月院らしい青のヒメアジサイを描いた絵馬　5 境内にはウサギが飼われているほか、ウサギをモチーフにした御守りも　6「他を抜く」タヌキの「必勝守」

DATA ／ 住 神奈川県鎌倉市山ノ内189 交 JR「北鎌倉駅」下車 徒歩10分 時 6月 8:30～17:00／6月以外 9:00～16:00

TEMPLE CAFE

人と人、人と土地のご縁を結ぶ

赤門テラス なゆた

「赤門テラス なゆた」で買える、オリジナルブレンドのコーヒー豆

DATA

赤門テラス なゆた

時 平日9:00〜18:00／土日祝10:00〜19:00

休 火（祝日の場合は営業）

お寺はかつて人や地域のコミュニティの中心的存在でした。しかし、住宅街のお寺はいつしか檀家以外は入りにくい雰囲気をもつようになってしまいました。それを払拭しようと始められたのが「赤門テラス なゆた」です。仏教用語で〝きわめて大きな数〟をあらわす「なゆた」。たくさんの〝感謝〟や〝仏様のおかげ〟に気づけるようにと願ってつけられた店名のとおり、カフェは多くの人の縁を育む場所として利用されています。地元の人の茶話会はいうに及ばず、趣味の集いや仏前結婚式の披露宴にも利用されるなど世代を超えた憩いの場でもあります。店内では旬の野菜をたっぷり使った、ご住職監修のお寺ごはんの定食をはじめ、手作りのスイーツなどが味わえます。

金剛院《こんごういん》

東京都 豊島区

将軍家から朱塗りの山門を建てることを許された、500年の歴史をもつ古刹《こさつ》です。地域との共生を目指し、災害時の避難所や備蓄庫としての機能を完備しています。また、江戸時代には尼僧が寺子屋を開いていたことから、境内の施設を使用してヨガや親子保育、コンサートなどといった学びの場を提供しています。

1 客殿に向かう参道にはウッドデッキが敷かれ、四季折々の花が彩りを添える 2 椎名町は有名な漫画家達が暮らしたトキワ荘があった場所。境内には「マンガ地蔵」がかつてのトキワ荘があった場所に向かって安置されている 3 数々のイベントが行われる「蓮華堂」(右)、椎名町のシンボル的存在の赤門(左) 4 参拝後はカフェで境内の自然と弘法大師像を拝しながらの一服もおすすめ。季節によっては境内の梅の木から採れた梅シロップを使ったドリンクもいただける

DATA ／ 住 東京都豊島区長崎1-9-2
交 西武「椎名町駅」下車 徒歩すぐ 時 境内自由

TEMPLE CAFE

由比ヶ浜を一望できる
絶景カフェ

海光庵

DATA ／ 海光庵

時 10:00〜16:00
（食事は15:00まで）
休 無休

観音山の中腹に位置する「海《かい》光《こう》庵《あん》」は、長谷寺の見晴台の隣にあるお食事処。窓際の席から三浦半島や由《ゆ》比《い》ヶ浜《はま》を一望できる絶景が自慢です。精進料理の製法で作られた「お寺のカレー」が人気で「自宅でも食べたい」という熱い声に応えてお土産用も作られたほど。「だんごぜんざい」「大吉だんご」など甘味も充実しています。なかでも「てらどら焼き」は丁寧に一枚一枚手焼きしたこだわりの生地がおいしい、パンケーキ風のスイーツ。バニラアイスとイチゴとベリーの手作りソースをたっぷりかけて召し上がれ。

1

長谷寺 はせでら

神奈川県 鎌倉市

天平８（736）年に開創されたと伝わる古寺。御本尊の十一面観音菩薩立像は、高さ9.18mと日本最大級の木彫りの仏様で、奈良から流れ着いたという伝説があります。境内には源頼朝が厄除け祈願のため建立した阿弥陀堂や、鎌倉・江の島七福神の大黒天を祀る大黒堂など見どころがいっぱい。四季を通してアジサイや牡丹など美しい花々が彩る花の寺としても知られています。

2

3

Check

こちらも立ち寄りたい

平成28（2016）年にオープンした門前カフェ「てらやカフェ」。和み地蔵をラベルに描いた「和みサイダー」やコーヒーなどがいただけます。

1 門前の松は「門かぶりの松」と呼ばれている　2 御本尊をお祀りする観音堂。左の手に蓮華が活けられた水瓶、右手に錫杖《しゃくじょう》をもつ独特のお姿は「長谷寺式」と呼ばれる　3 眺望散策路を埋め尽くすように咲くアジサイは2500株もあるという　4 下境内に安置されている和み地蔵を図案化した「和み地蔵守」　5 “苦しいことが離れる”ことを祈念して奉製された厄除けの「くり守」　6 境内に咲く花々をモチーフにした「安産・子授け守」も女性に人気　7 イチゴの形をしたユニークな「願い叶うお守り」。イチゴを数字にすると“1”と“5”で“15”になることから、十分に良いご利益に恵まれるようにとの願いを込めて作られた

DATA ／ 住 神奈川県鎌倉市長谷3-11-2　交 江ノ電「長谷駅」下車 徒歩5分　時 夏期（3～9月）8:00～17:00（閉山17:30）／冬期（10～2月）8:00～16:30（閉山17:00）

4

5

6

7

SHRINE CAFE

地元産の食材を使った
憩いのカフェ

icho cafe

熊野大社の境内にある「icho cafe」。御神木である大イチョウの隣に、神社のある南陽市・宮内のまちづくりのために誕生しました。人が自然と集まれる場所をと願い、まちづくり団体が運営しています。地元で生産されたおいしい食材を使ったメニューにこだわり、生産者がわかるように表示されています。女性に人気なのは旬の野菜や果物を使ったスムージー。地元の人だけでなく、遠方からやってくる神社の参拝者にも、宮内のおいしいものを味わえると好評です。

DATA / icho cafe
時 11:00〜18:00
休 火（祝日の場合は翌日休）

熊野大社 くまのたいしゃ

山形県 南陽市

平城天皇の勅命によって大同元（806）年に創建されたと伝わる神社で、「東北の伊勢」として崇敬されています。日本三熊野のひとつで、重厚感ある茅葺《かやぶき》屋根の拝殿は天明７（1787）年に造営されました。本殿裏にある彫刻にはウサギが3羽隠れており、全部見つけることができると願いが叶うともいわれています。

1 拝殿は県内最古の茅葺屋根建築で、山形県有形文化財に指定されている　2 かわいいウサギのおみくじ「結《ゆわい》うさぎ」　3 熊野大社で行われる「太々神楽《だいだいかぐら》」。伊勢の神宮から直伝を許された貴重なお神楽で日本最古の最も尊い御神楽とされ、伊勢の神宮と熊野大社にだけ伝えられている

DATA / 住 山形県南陽市宮内3476-1　交 JR「赤湯駅」から車で5分　時 境内自由

第二章

神様のお下がりスイーツ

神様にお供えしたお菓子には御神霊が宿り、食べることで神様の力をお分けいただけます。そんなありがたいスイーツをご紹介しましょう。

3月3日の「桃花祭」の授与品「草餅」

3月3日に行われる桃花祭の様子

五節句の式日にいただく和菓子

季節の変わり目となる節目の日を「節日《せちにち》」といいます。中国の暦の考え方で、季節の変わり目には魔が集まり、人々に災いをもたらすと恐れられました。そこで一年の大きな節目である「五節句《せっく》」には、邪気を払うために特別な食べ物を食べてきました。1月7日の「人日《じんじつ》の節句」には七草粥、3月3日の「上巳《じょうし》の節句」には桃酒……といった具合です。

この「五節句」の日には全国の神社でも節句祭が執り行われますが、石清水八《いわしみずはち》幡宮《まんぐう》では午前10時から行われる祭典に参列した人に、節句にちなんだお菓子をお頒《わ》かちしています。

5月5日の「菖蒲《しょうぶ》祭」の授与品「柏餅」

7月7日の「七夕祭」の授与品「索餅《さくべい》」

9月9日の「菊花祭」の授与品「着綿《きせわた》」

1

2

3

Check

八幡市のフランス菓子店「ジョフラン」が平成30（2018）年に販売を始めた「源氏の白鳩ラスク」。結婚式や研修等が行われる境内の清峯殿にて販売しています。

白鳩ラスクは神社のほか、ジョフランの店舗や京阪百貨店などでも購入できます。

石清水八幡宮 いわしみずはちまんぐう

京都府 八幡市

八幡《やわた》市にある男山の山頂に位置し、地元の人々から「やわたのはちまんさん」と親しまれています。大分県の宇佐《うさ》八幡宮から貞観元（859）年に勧請され、比叡山延暦寺とともに都を守護する神社として崇敬されたほか、武神として源氏から篤く信仰されました。9月15日に斎行される石清水祭は日本三大勅祭《ちょくさい》のひとつに数えられています。

1 国宝に指定されている本殿及び社殿10棟は寛永11（1634）年に造営されたもの　2 国宝の舞楽《ぶがく》や神楽を行う舞殿《まいどの》　3 八幡宮の神のお使いである鳩がついたかわいらしい鳩みくじ

DATA ／ 住 京都府八幡市八幡高坊30　交 京阪「八幡市駅」から男山ケーブル「男山山上駅」下車　徒歩５分　時 時季により異なる

1日の月次祭でいただく
月替わりの和菓子

朔日餅

毎月1日と13日の2回催行している乃木《のぎ》神社の月次祭。国の安泰と崇敬者の家内安全、健康をお祈りしていますが、希望する人はこの月次祭に参列することができます。1日の月次祭には「朔日餅《ついたちもち》」を御神前にお供えしており、祭典を終えたあとの直会としてお下がりがお頒かちいただけます。4月は桜餅、7月は水ようかんなど季節のおいしい和菓子がいただけると好評です。参列をご希望の際には、お電話で事前に神社へお申し込みを。

乃木神社《のぎじんじゃ》

東京都 港区

明治時代に活躍した乃木希典《のぎまれすけ》と妻・乃木静子を御祭神としてお祀りする乃木神社は、大正12 (1923)年に創建されました。現在、神社の前の坂名である乃木坂は、御祭神にちなみつけられました。仲が良かった乃木夫妻のお人柄から最近では夫婦愛の神様としても信仰され、縁結びや夫婦和合のご利益があります。

DATA／住 東京都港区赤坂8-11-27　交 地下鉄「乃木坂駅」下車 徒歩すぐ　時 6:00〜17:00

1 社殿の左側に生えるクスノキ「雷神木」は、落雷の時に本殿の身代わりとなった　2 おめでたい文様“束ね熨斗《のし》”の御守り「つれそひ守」と黒紋付と白無垢の婚礼衣装をモチーフにした「よりそひ守」が人気で、2人でそれぞれひとつずつ持ち歩ける　3 & 4 毎月第4日曜日の9時から16時に境内で行われる骨董市(雨天中止)。掘り出し物を求めて大勢の人出で賑わう

「朔日祭」のお下がり

つきたて菓子

毎月1日、午前10時に斎行される「朔日祭《ついたちさい》」で、射水神社では「つきたて菓子」と称するお菓子を御神前にお供えしています。このお菓子、お供えした後は参拝者にお下がりとして境内にある「いみづ茶寮」でお頒《わ》かちしています。「つきたて菓子」はその月の行事や季節、『万葉集』などをイメージして地元の和菓子店が作る特製のもの。月に一度のお楽しみとして多くの人がお詣りの後に立ち寄ります。

DATA／いみづ茶寮

時 10:00〜18:00 休 火(1日、祭事日は営業)

射水神社 いみずじんじゃ

富山県 高岡市

越中国の総鎮守として、悠久の昔に鎮座され、平安時代には越中国内で唯一の名神大社、さらには越中国一宮として広く尊崇されてきました。日本に稲作文化を広めた二上神《ふたかみのかみ》（瓊《に》瓊杵尊《にぎのみこと》）を御祭神にお祀りしていることから、五穀豊穣や農林水産商工業等、全ての守り神として崇敬されています。

1 現在の社地である高岡城本丸跡には明治8(1875)年に遷座している　2 神社がある高岡古城公園には約2700本の桜があり、春には県屈指の桜の名所として大勢の人出で賑わう　3 高岡古城公園は、加賀藩前田家の二代藩主・前田利長が築城した高岡城の城跡(国指定史跡)を公園として開放したもの

DATA／住 富山県高岡市古城1-1　交 あいの風とやま鉄道「高岡駅」下車 徒歩10分　時 境内自由

月参りの御朱印とともにいただける、美しい和菓子

ついたち百菓

櫻木神社では毎月1日、御神前にお供えされたお菓子と月参りの御朱印を一緒にお頒《わ》かちいただく「ついたち百菓」を催行しています。日本の四季を表現した月毎に異なる美しい和菓子を毎月楽しみに参拝にくる人も多いといいます。通常、頒布は毎月1日の午前9時から行われますが、数に限りがあるので午前中で完売となることがあります(尚、1月は15日の頒布となります)。

櫻木神社 さくらぎじんじゃ

千葉県 野田市

社記によると、創建は平安朝の仁寿元(851)年。藤原嗣良《つぐよし》公が桜の大木のもとに倉稲魂命《うかのみたまのみこと》を祀り、その後武甕槌《たけみかづちの》命《みこと》の神を祀ったことが櫻木神社のはじまりと伝えられています。桜の名所としても知られ、境内には約30種400本もの桜があります。

1

2

3

1 古くから「櫻の宮」と称されてきた櫻木神社 2 トイレの神様を祀る「日本トイレ協会グッドトイレ審査員特別賞」を受賞した参拝者トイレ 3 年4回の土用の期間に頒布される限定の「病魔除守」

DATA/ 住 千葉県野田市桜台210 交 東武「野田市駅」下車 徒歩10分 時 6:00～18:00

朔日餅　菖蒲餅

朔日餅　栗餅

毎月1日の「一番祈禱祭」の撤下品

朔日餅

宮地嶽《みやじだけ》神社では毎月1日の午前0時、大きな号鼓とともに「一番祈禱祭」が始まります。この日は真夜中から「ついたち参り」に訪れる人々で境内がにぎわい、御祈禱を受ける人や授与品を受ける人など大勢の参拝者が訪れます。この「一番祈禱祭」で御神前にお供えされるのがこの「朔日《ついたち》餅《もち》」。朔日餅の内容は月替わり。その季節の素材やモチーフを取り入れた和菓子のため、朔日餅の購入を目的に毎月参拝に通う人も少なくありません。

1

2

3

4

5

宮地嶽神社《みやじだけじんじゃ》

福岡県 福津市

創建はおよそ1700年前と古く、宮地岳の中腹に鎮座します。「何事にも打ち勝つ開運の神」として信仰され、社殿の大注《し》連縄《めなわ》、大鈴、大太鼓の3つの「日本一」がある神社として有名です。また、海へまっすぐに続く参道は美しい夕景が見られる「光の道」として知られ、CMのロケ地にも使われました。

1 本殿の奥にある８社すべてにお参りすると願いが叶うといわれている　2 宮地嶽神社のシンボル的存在、直径約2.6m、長さ11m、重さは3tという日本一の注連縄　3 奥之宮「不動神社」は願いを込めてお参りすると「善哉、善哉（ぜんざいぜんざい、よきかなよきかな）」といって願いを叶えてくれる身代わり不動尊をお祀りしている。2月28日に開催される春季大祭「ぜんざい祭」では1年間の無病息災を祈りぜんざいを食べる　4 毎月1日の午前0時から授与をする限定の「月授与品」。その月に応じた季節のものを取り入れて神職・巫女が手ずから奉製している。写真は３月のお花雛と12月の神迎え御幣　5 5月31日には「初刈神事」が境内で行われる

DATA／(住) 福岡県福津市宮司元町7-1　(交) JR「福間駅」から西鉄バス「宮地嶽神社前」下車 徒歩すぐ　(時)（御本殿開扉時間）：日の出〜日の入り

朔日参りでいただく
季節のお餅

参拝餅

毎月1日に、新しい月の無事を祈願する「朔日《ついたち》参り」。宮崎神宮では、この朔日参りの後に「参拝餅」をお頒《わ》かちしています。月替わりのお餅は1月が「日の出餅」、11月は「霜菊」など、季節の素材や月ごとのモチーフを使っています。毎月1日の午前6時(元旦は0時)から参道の休憩所にて授与いただけます。

宮崎神宮《みやざきじんぐう》

宮崎県 宮崎市

神武天皇を御祭神とし、周辺地域の歴代武将たちからも深く崇敬を集めた神社です。深い緑の中に建つ社殿は、狭野《さの》杉を使って造営された神明造の建造物。境内にある樹齢400年を超えるオオシラフジは国の天然記念物にも指定されています。

1 神武天皇が住まわれたと伝わる高千穂宮跡に建つ宮崎神宮

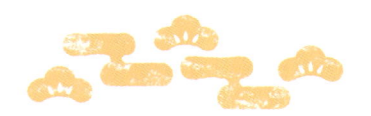

DATA ／ 住 宮崎県宮崎市神宮2-4-1 交 JR「宮崎神宮駅」下車 徒歩10分 時 社殿 10〜4月 6:00〜17:30／5〜9月 6:00〜18:30 神門 10〜4月 5:30〜17:30／5〜9月 5:30〜18:30

奉納かき氷

神様が宿ったかき氷をいただく

氷と深い縁がある神様をお祀りする氷室神社の一風変わった参拝方法が、かき氷を御神前にお供えして祈願をし、神様からのお下がりとしてかき氷をいただく「献氷参拝」です。社務所で申し出ると宮司自ら氷を削ってかき氷を作ってくれるので、社殿の目の前に置かれた三宝《さんぼう》にのせて祈願します。その後、境内に用意されたお好みのシロップをかけていただきます。

1

2

3

氷室神社 ひむろじんじゃ

奈良県 奈良市

和銅3（710）年に御蓋山《みかさやま》の山麓に氷池や氷室の守り神をお祀りしたのが創始とされ、春日野に氷池や氷室が造られたほか、夏の天候を占う祭祀も行われたといいます。製氷業者の信仰篤く、5月1日には氷柱が奉納される献氷祭が催行されます。

1 現在の地に移ったのは平安時代といわれる　2 奉納した後のかき氷には御神霊が宿る　3 氷柱にくっつけると吉凶が浮き出る氷みくじも人気

DATA／住 奈良県奈良市春日野町1-4　交 JR・近鉄「奈良駅」から奈良交通バス「氷室神社・国立博物館」下車 徒歩すぐ　時 4～10月 6:00～18:00／11～3月 6:30～17:30

厄除けとして信仰された生姜

御前生姜・しょうが飴

芝大神宮の周辺一帯は、かつて生姜《しょうが》の産地でした。作った生姜をお供えしていたことから、やがて社前には生姜を売る市が立ち、それを求める人で賑わったといいます。9月11日から11日間かけて行われる秋の例祭「だらだら祭り」は別名「生姜祭り」とも呼ばれ、御神前に生姜がお供えされるほか、境内や参道で生姜を売る店が軒を連ねます。この日にいただいた生姜を食べると風邪をひかないという伝承もあるほど。神社では例祭以外でも毎月1日に御神前にお供えした「御前生姜」を授与。通年でお頒《わ》かちいただけるしょうが飴や生姜湯などもあります。

1

2

芝大神宮《しばだいじんぐう》

東京都 港区

創建は寛弘2（1005）年、伊勢神宮の御祭神である天照大御神《あまてらすおおみかみ》と豊受大神《とようけのおおかみ》をお祀りし、「関東のお伊勢さま」として江戸の人々から篤く信仰されました。祭礼「だらだら祭り」は日本で一番長い例大祭として知られています。鳶頭《とびがしら》と相撲取りの喧嘩で知られる歌舞伎の演目「神明恵和合取組《かみのめぐみわごうのとりくみ》」は、芝大神宮の境内で文化2（1805）年に起きた出来事を舞台化したもの。

3

4

5

1　参拝者の賑わいが江戸時代の錦絵に描かれている。だらだら祭りの生姜を食べると風邪をひかないという伝承もあった　2　生姜を供養する生姜塚が立つ　3　江戸時代から伝わる御守り「千木筥《ちぎばこ》」のストラップ　4　年末から個数限定（なくなり次第終了）で授与される「強運守」。その年の幸運色で奉製される　5　“先が見通せる”蓮根の形の「開運守」

DATA／住 東京都港区芝大門1-12-7　交 JR「浜松町駅」下車 徒歩5分　時 9:00～17:00

美人祈願の神社で美肌を祈って飲みたい

かりん美人水

美の神様として玉依姫《たまよりひめの》命《みこと》が祀られ、若い女性の参拝が引きも切らない河合神社の休憩処でいただけるのが「かりん美人水」なる飲み物。境内にあるカリンの庭で秋に実をつけたものを蜂蜜漬けにして、御神水で割って提供されます。河合神社で人気の鏡絵馬をパッケージにあしらったお土産用の小瓶もあります。

河合神社 かわいじんじゃ

京都府 京都市

下鴨神社の摂社《せっしゃ》である河合神社は、古くから縁結びや安産等に御神徳がある女性の祈願所として信仰をあつめてきました。手鏡の形をした鏡絵馬の表面には顔が描かれており、自分の顔に見立ててメイクをして美人祈願をします。

1 『方丈記』で知られる鴨長明は河合神社・神主の家系 2 手持ちの鏡に貼って美麗を祈願する珍しい御守りも 3 絵馬のメイクには貸出用のペンか自分のメイク道具を使っても○

DATA／ 住 京都府京都市左京区下鴨泉川町59 交 京阪「出町柳駅」下車 徒歩12分、JR「京都駅」から市バス「下鴨神社前」下車 徒歩５分 時 6:30〜17:00

第三章

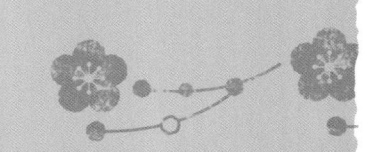

参道・門前スイーツ

江戸時代から旅人に愛され続けてきたお菓子や、歴史に彩られたお菓子、新しい創意工夫のお菓子など社寺詣りのあとにいただきたい、とっておきがいっぱいです。

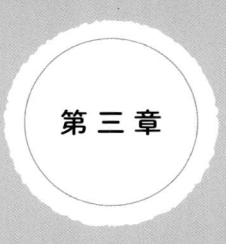

1 伊勢市を流れる五十鈴川の上流にある内宮は、宇治橋を渡って参拝。長さ101.8mの橋は日常と神聖な世界の境界といわれ、橋を渡りきった先は清浄な神域に入る。広大な宮域内には御正宮や風日祈宮《かざひのみのみや》、荒祭宮《あらまつりのみや》などの別宮がある　2 神宮では内宮、外宮ともに8〜16時まで神楽殿でお願いごとを神職に仲立ちをしていただき、神様に祈願する「ご祈禱」を申し込むことができる。「御神楽」は、祈禱の際に雅楽とともに美しい舞を神様に奉納する。神様のおそばで雅な舞を拝見できる貴重な機会

国の平安を祈る日本人の総氏神様

伊勢神宮《いせじんぐう》

三重県 伊勢市

「お伊勢さま」とも呼ばれる伊勢神宮は、正式な名称を「神宮《じんぐう》」といいます。全国の神社のなかにおいて最高格で特別な神社です。神々の中心となる天照大御神《あまてらすおおみかみ》をお祀りする皇大神宮《こうたいじんぐう》（内《ない》宮《くう》）と豊受大御神《とようけのおおみかみ》をお祀りする豊受大神宮《とようけだいじんぐう》（外《げ》宮《くう》）の両宮を中心に、別宮、摂社、末社、所管社など125もの宮社からなります。

DATA

内宮（皇大神宮） 住 三重県伊勢市宇治館町1　交 三重交通バス「内宮前」下車 徒歩すぐ　時 10〜12月 5:00〜17:00／1〜4・9月 5:00〜18:00／5〜8月 5:00〜19:00

外宮（豊受大神宮） 住 三重県伊勢市豊川町279　交 JR・近鉄「伊勢市駅」下車 徒歩5分　時 内宮と同じ

創建は2000年前にさかのぼり、内宮は垂仁天皇26（紀元前４）年頃、外宮はその500年後雄略天皇22（477）年とされています。天孫・瓊瓊杵尊《ににぎのみこと》が地上に降り立つ際に最高神である天照大御神が八咫《やたの》鏡《かがみ》、八尺瓊勾玉《やさかにのまがたま》、天叢雲剣《あめのむらくものつるぎ》（草薙剣《くさなぎのつるぎ》）の三種の神器と稲穂を授け、鏡を天照大御神の御神霊としてお祀りするとともに稲穂を育てて国を栄えさせるようにいわれました。

神宮ではこの神話以来、稲作を大切にしており、年間に1500回以上もの稲作を中心とした祭祀を行っています。実りをもたらす大地、水、太陽に感謝をして五穀豊穣を祈り、収穫に感謝をするのです。

20年に一度行われる「式年遷宮《しきねんせんぐう》」は、新しく造営した正殿へ御神体にお遷《うつ》りいただく「遷御《せんぎょ》の儀」を中心とした祭祀です。御垣内《みかきうち》にあるすべての建物と14の別宮、宇治橋などが造り替えられます。これは神宮に息づく、永遠に若々しくあるという「常若《とこわか》」の精神によるものです。

1年でもっとも重要な儀式とされているのが、10月15日から斎行される「神嘗《かんなめ》祭」です。「神宮のお正月」とも称されるこの祭祀は、午後10時と午前2時の２回、その年に収穫された新穀を天照大御神に捧げて豊穣に感謝します。月夜は浄化作用があると考えられ、松明《たいまつ》の明かりのなかで行われる厳かな祭祀は圧巻です。

3 神嘗祭で天照大御神に捧げられる新穀は、神宮の「神田」とよばれる専用の水田で収穫されたもの。新米を玄米のまま蒸して献じられる。お米を主食として生きてきた日本人にとって、豊かな実りは国の繁栄そのもの。有史以来、神に五穀豊穣の祈りと感謝を捧げている 4 神宮を参拝するには、外宮から参拝するのが習わし。天照大御神の食事を司る豊受大御神をお祀りし、衣食住や産業の守護神として崇敬されている。御饌殿《みけでん》ではおよそ1500年の間欠かすことなく毎日朝と夕の２回、神々に神饌《しんせん》とよばれるお食事を捧げている

SHRINE CAFE

全国区の伊勢名物

赤福

宝永4（1707）年創業の老舗「赤福《あかふく》」がつくる名物といえば、伊勢を代表する赤福餅です。餡についた三筋の線は、伊勢神宮の御神域に流れる五十鈴《いすず》川のせせらぎを、白いお餅は川底の小石をあらわしています。名の由来は「赤子のような、素直な心で自分や他人の幸せを喜ぶ」という意味の〝赤心慶福《せきしんけいふく》〟という言葉にちなんでつけられました。夏には特製の餡とお餅が抹茶のかき氷に入った限定の「赤福氷」、冬には「赤福ぜんざい」が人気です。五十鈴川に面した本店では、赤福餅をつくっている様子をガラス越しに見学できます。

DATA ／赤福 本店

住 三重県伊勢市宇治中之切町26　交 JR・近鉄「伊勢市駅」から三重交通バス「神宮会館前」下車 徒歩3分　時 5:00〜17:00（繁忙期は時間変更あり）　休 無休

本店ではつくりたての赤福餅をいただけます。五十鈴川の伏流水を店内の竈で沸かして淹れたオリジナルブレンドの番茶も

3月　よもぎ餅

7月　竹流し

8月　八朔粟餅

10月　栗餅

朔日参りの限定餅「朔日餅《ついたちもち》」

毎月１日は「朔日」といい、古くからこの日に神社へお詣りする「朔日参り（一日参りともいう）」の習わしがあります。伊勢地方では早起きして神宮へお詣りし、平穏無事に過ごせた1ヵ月を感謝して、また新しい月の息災を祈願する習慣があります。赤福には昭和53（1978）年から、この朔日参りに合わせて作っている「朔日餅」があります。元日を除いた毎月の朔日にだけ販売される餅菓子で、月ごとに違う中身が人気で朔日には大勢の人が買いに並びます。確実に手に入れるには、毎月15日から赤福本店で受け付ける事前予約をするのがおすすめです。

Check

伊勢の餅街道

泰平の世が続き、お伊勢参りが盛んになった江戸時代。江戸から伊勢を目指して旅をした人々が、好んで食べたのがさっと食べられて腹持ちのよい餅でした。伊勢地方はお米の産地であり、また神社へ餅を奉納する習わしがあったことから餅文化が発達していました。桑名から伊勢まで続く参宮街道にあった四日市宿や松坂宿などの宿場町には、餅を出して旅人をもてなす茶店が建ち並び、「餅街道」と呼ばれるほど賑わったのです。現在でも伊勢には名物の餅菓子を出すお店が数多く残っています。

SHRINE CAFE

街道の名物餅

へんば餅

伊勢参宮街道の最終宿場町・小俣宿で安永4（1775）年に創業した「へんば餅」は、弾力のあるモチモチとしたお餅のなかにこし餡を包んだ餅菓子です。江戸時代、駕籠や馬で伊勢参りをする人たちがこの店で降りて休憩し、馬を返したことから〝返馬＝へんば〟餅と呼ばれるようになりました。創業の地・小俣の本店のほか伊勢市駅前、おはらい町にも出店しています。

DATA ／ へんばや商店 本店

住 三重県伊勢市小俣町明野1430-1

交 近鉄「明野駅」下車 徒歩5分

時 8:00〜17:00

休 月（祝日の場合は翌日休）

俵まんぢう

大国主大神の米俵がモチーフ

出雲大社の御祭神である大国主大神《おおくにぬしのおおかみ》(だいこくさま)の御神徳にあやかって米俵をかたどった饅頭です。明治時代の創業時から作られる饅頭は当初、小豆の餡でした。しかし、お客様からの「俵の中の米にちなんで、白餡にしたらなお良かろう」との提案を受けて現在の白餡に変わりました。

DATA／俵屋菓舗 大鳥居店

住 島根県出雲市大社町杵築東378-2
交 一畑電車「出雲大社駅」下車 徒歩10分
時 8:00〜18:30 休 無休

高田屋羊羹

皇族方にも愛された紅白羊羹

出雲大社の正門西側に位置する創業百八十余年の老舗「高田屋」は出雲大社の御紋菓を拝命する菓子舗。創業当時から変わらない材料と製法で作り続ける紅白の羊羹《ようかん》は、皇太子時代の大正天皇や昭和天皇が出雲大社への行啓《ぎょうけい》でお買い上げになるという栄誉に。最中「雲太《うんた》」は、平成12(2000)年に出土した3本の心御柱を模したお菓子です。

DATA／高田屋

住 島根県出雲市大社町杵築東367 交 一畑電車「出雲大社駅」下車 徒歩10分 時 8:30〜19:00
休 不定休

1

2

3

4

5

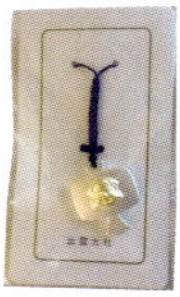

6

7

出雲大社《いづもおおやしろ》

島根県 出雲市

『古事記』や『日本書紀』に記された神話によると、国造りを行った大国主大神が神々に国を譲る代わりに自身の住居となる宮殿を求め、造営されたのが出雲大社の創祀《そうし》だと伝えられています。旧暦10月には全国の神々が出雲に集まって縁結びの相談をするといわれ、通常は神無《かんな》月と呼ばれる時期を出雲地方では神在《かみあり》月と呼びます。

1 「大社造」と呼ばれる神社建築様式で建てられた御本殿は国宝　2 結婚式や祈願が行われる大注連縄《しめなわ》がかけられた神楽殿　3 結びの神様として崇敬される大国主大神の像　4 長寿や健康を祈願する「美保岐玉《みほぎだま》ブレスレット」　5 「縁むすびの糸」は衣服に縫い付けたり、編んで手足に結び身につけて　6 打ち出の小槌をモチーフにした「福徳円満根付」　7 アクセサリー式の縁起物「"幸縁"ネックレス」は縁結びを祈って身につけたい

DATA／住 島根県出雲市大社町杵築東195　交 一畑電車「出雲大社前駅」下車 徒歩7分　時 境内自由

御神水でつくったラムネ

御神水ラムネ

水の神様である高龗神《たかおかみのかみ》がお祀りされている貴船神社。古くは「氣《き》生《ふ》根《ね》」と書かれ、水の神様がお鎮まりになることから気力が生ずる根源と考えられてきました。鴨川の水源地にあたり、社殿の前の石垣からは御神水がこんこんと湧き出ています。「神様の御神気が宿ったありがたいお水」として、汲みに来る人も多いとか。この御神水を使って作られたのが授与所でお頒《わ》かちいただける「御《ご》神《しん》水《すい》ラムネ」です。特注の赤いキャップは貴船神社の赤い灯籠を思わせるデザインで、ラベルの文字は宮司の高井和大氏の手書き文字を採用しました。しゅわっとした爽やかな飲み心地と上品な甘さは、貴船神社の石段を登ったあとの疲れを癒やしてくれそうです。

1

写真:今宮康博

2

写真:今宮康博

貴船神社《きふねじんじゃ》

京都府 京都市

万物の命の源となる水の神様として信仰されてきた、全国に約500社ある貴船神社の総本宮。創建年代は不詳ですが、社伝によれば白鳳6（677）年にはすでに社殿が造替されたとの記述があることから、1300年を超える歴史をもつ古社であることがわかります。平安時代の女流歌人、和泉式部《いずみしきぶ》が夫との復縁を祈願して成就したことから縁結びの神様としても知られ、良縁や恋愛成就を願って多くの人が参拝に訪れます。

3

4

5

1 平安遷都後、祈雨や止雨の神様として朝廷から崇敬された。現在も雨乞いや晴天祈願に訪れる人も多い 2 朱色の灯籠が並んだ参道の石段は絶好のフォトスポットとして人気が高く、夜の幽玄な雰囲気は観る者を魅了する 3 & 4 御神水を使った頒布品も多く、「ご神水せっけん」や「お清め化粧水」は女性に人気が高い 5 縁結びの御守り「むすび守」は華麗な平安衣装を身に着けた男と女の図柄で、ペアで持てる

DATA ／ 住 京都府京都市左京区鞍馬貴船町180 交 叡山電車「貴船口駅」から京都バス「貴船」下車 徒歩5分 時 5月～11月 6:00～20:00／12～4月 6:00～18:00

福面まんじゅう

例祭の「面掛行列」にちなんだお菓子

鎌倉・坂ノ下の御霊神社は、9月の例祭で催行される「面掛行列《めんかけ》」が有名です。この面掛行列に用いられる福面を模して作られたのが「福面まんじゅう」。江戸時代から約300年続く老舗の和菓子店「力餅家《ちからもちや》」で一年を通して販売されています。お面の種類は天狗に鬼、福禄寿《ふくろくじゅ》など11種類。ユーモラスで個性的なカステラ生地にしっとりとしたこし餡が包まれた、どこか懐かしい味わいのお饅頭です。

DATA／力餅家

住 神奈川県鎌倉市坂ノ下18-18　交 江ノ電「長谷駅」下車　徒歩８分　時 9:00～18:00　休 水、第3火

御霊神社《ごりょうじんじゃ》

神奈川県 鎌倉市

後三年の役で活躍した武将・権五郎景政《ごんごろうかげまさ》公を御祭神としていることから権五郎神社とも呼ばれる神社です。景政公の命日である9月18日の例祭で行われる「面掛行列」は、お面をつけた男性が行列をつくる奇祭として知られています。

1 神奈川県指定無形民俗文化財の「面掛行列」は、五穀豊穣を祈る鎌倉神楽をあげた後に、お面をつけた男衆が星の井通りを練り歩く祭礼　2 境内を江ノ電が走る立地でも有名で、その景観は鉄道ファンのみならず広く親しまれている　3 交通安全を祈願した御守りは武将を御祭神としてお祀りする神社らしく、透かし織りで矢の模様が

DATA／住 神奈川県鎌倉市坂ノ下3-17　交 江ノ電「長谷駅」下車 徒歩５分　時 境内自由（収蔵庫の見学は9:00～17:00）

長く参拝客に愛されてきたお菓子

ぼた餅

参拝客のお休み処として親しまれているのが諏訪神社の隣にある「月見茶屋」です。ここの名物であるぼた餅は「お諏訪のぼた餅」と呼ばれ、長く長崎市民に愛されてきました。粗くつかれたお餅をなめらかなこし餡で包んだ、甘さ控えめの上品な味わいが特徴です。

DATA／月見茶屋

住 長崎県長崎市上西山町19-1　交 路面電車「諏訪神社前」下車 徒歩10分
時 10:00～16:00　休 水（1日、15日、祝日の場合は翌日休）

諏訪神社《すわじんじゃ》

長崎県 長崎市

寛永２（1625）年に再興された神社で、長崎では「おすわさま」と親しまれています。長崎の総氏神様で、10月7～9日に行われる秋の例祭である「長崎くんち」は370年以上の歴史があります。日本三大祭のひとつにも数えられ、国の重要無形民俗文化財に指定されています。

1 明治２（1869）年に再建された社殿　2 境内社・玉園稲荷神社へ続く朱色の鳥居　3 縁結びの神様としても知られる諏訪神社。女性らしい授与品も多数。縁結び絵馬（上）、女性特有の病気から身を守り、願い事が叶う女性の御守（左）、良縁福守（中央）、開運招福の巾着福守（右）

DATA／住 長崎県長崎市上西山町18-15　交 路面電車「諏訪神社前」下車 地下道で神社の参道へ　時 境内自由

DATA／長五郎餅本舗本店

住 京都府京都市上京区一条七本松西

交 JR「京都駅」から市バス「北野天満宮前」下車 徒歩3分 時 8:00～18:00

休 木（25日と祝日の場合は営業）

豊臣秀吉が名をつけた餅菓子

長五郎餅

北野天満宮の境内の茶店で売られる「長五郎餅《ちょうごろうもち》」は、毎月25日の縁日で買える名物菓子です。河内《かわち》屋《や》長五郎《ちょうごろう》という老人が縁日で売り始め、天正15（１５８７）年に開かれた豊臣秀吉の北野大茶会にも出店。餅を気に入った秀吉は、老人の名をとり「長五郎餅と名乗るべし」と命じたといいます。薄く延ばした甲州産のもち米で搗《つ》いた餅に、自家製の餡を包んだ上品な味わいが特徴です。北野天満宮から歩いて3分程度の場所には長五郎餅本舗の常設店舗があり、「長五郎餅」を店内で食べられるほか買って帰ることも可能です。

1

2

3

北野天満宮 きたのてんまんぐう

京都府 京都市

「一晩にして松が1000本生じるところに社殿を建てよ」というご託宣を受け、天暦元（947）年に神殿を建てて菅原道真《すがわらのみちざね》公をお祀りしたのが始まりとされる神社です。天神信仰の発祥の地とされ、全国約1万2000社の天満宮、天神社の総本社でもあります。学問の神様や芸能の神様として広く崇敬を集め、春には菅原道真公ゆかりの梅50種約1500本が咲き誇ります。

1 国宝に指定された檜皮葺《ひわだぶ》き屋根の大きな社殿は、本殿と拝殿が石畳の廊下でつながり、本殿の西には脇殿、拝殿の両脇には楽の間を備えた複雑な構造 2 梅の開花期には境内一帯が花の香りで包まれる 3 紅葉の名所としても知られ、シーズンには茶席やライトアップも行われる 4 巫女《みこ》装束を模したオリジナルの授与品「巫女めも」 5 ふくよかな姿が愛らしい縁起物・天神さまの土人形

DATA／住 京都府京都市上京区馬喰町 交 JR「京都駅」から市バス「北野天満宮前」下車 徒歩すぐ 時 4～9月 5:00～18:00／10～3月 5:30～17:30

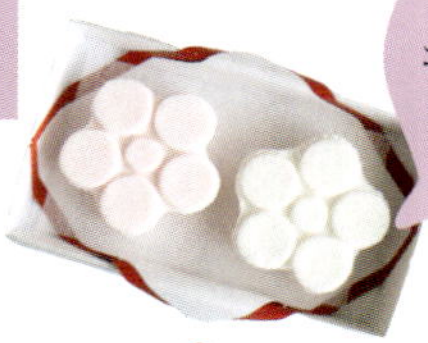

「天神さんの日」にお頒かちいただける梅の形の干菓子は、神様のお下がり

5

4

Check

「長五郎餅」のほかにも北野天満宮の門前菓子として知られている「粟餅」があります

丹生の水と地元の薪を使った石窯パン

石窯食パン「丹生の風」

日本橋にある「奈良まほろば館」で水曜日限定で購入できます

日本最古の水の神様をお祀りする奈良・吉野にある丹生川上神社下社。神域には御神気が宿る御神水が湧き、いのちの水（御食の井）とよばれる井戸を含め丹生の七ツ井戸が古くから存在します。近年、村の古老が神領の水を使い石窯で食パンを焼き始め、宮司が「丹生の風」と命名しました。地元・吉野の薪で焼き上げられた食パンは、水分を含んでしっとりとした生地が特徴で、食べるともっちり食感を味わえます。境内の横に近々石窯食パン「丹生の風」が買えるカフェもオープンする予定です。

DATA／
奈良まほろば館
住 東京都中央区日本橋室町1-6-2　日本橋室町162ビル1F　交 地下鉄「三越前駅」下車 徒歩すぐ　時 10:30～19:00　休 無休（12月31日～1月3日は休）

丹生川上神社下社

にうかわかみじんじゃしもしゃ

奈良県 吉野郡

吉野の山に鎮座する古社で日本最古の水の神、闇龗神《くらおかみのかみ》を御祭神にお祀りしています。雨ごいや止雨に霊験《れいげん》のある神社として知られ、古くは朝廷から降雨を祈って黒馬、晴れを祈って白馬が奉納されました。この馬の奉納が絵馬の起源になったとも伝えられています。

1 天武4（675）年に「奥深い山に神の宿る柱を立て、祀れば雨をよく司る」との御神託があり創建されたと伝わる
2 社殿の左手にある御神水が湧き出る丹生の御食《みい》の井

DATA／ 住 奈良県吉野郡下市町長谷1-1　交 近鉄「下市口駅」から奈良交通バス「長谷」下車 徒歩すぐ　時 8:00～17:00

江戸甘いもの屋番付で
横綱に輝いた名物

くず餅

DATA

船橋屋 亀戸天神前本店

住 東京都江東区亀戸3-2-14
交 JR「亀戸駅」下車 徒歩10分
時 9:00〜18:00（L.O.17:00）
休 無休

亀戸天神のすぐ脇に店を構える「船橋屋」は江戸時代の文化２（１８０５）年に創業した、２００年を超える老舗です。初代・勘助が自身の出身地である船橋で生産していた良質な小麦のでんぷんを、せいろを使って蒸して餅を作りました。現在ではおよそ15ヵ月かけて発酵させてから蒸し上げており、プルンとした舌触りのくず餅が賞味できます。

亀戸天神社《かめいどてんじんしゃ》

東京都 江東区

亀戸天神とも呼ばれる神社で、学問の神様である菅原道真公を御祭神にお祀りしています。下町の天神さまとして親しまれ、受験シーズンには多くの学生や家族が参拝に訪れます。境内に咲く梅や藤の花の美しさは格別で、咲き乱れる花々を公式サイトのギャラリーでも見ることができます。

1

DATA

住 東京都江東区亀戸3-6-1
交 JR「亀戸駅」下車 徒歩15分
時 境内自由

2

3

1 社殿の背後には東京のシンボル・東京スカイツリーが見え、絶好のフォトスポットになっている　2 境内には300本以上もの梅が植えられており、開花時期には毎年梅まつりが開催される　3 1月24〜25日に頒布される「うそ鳥」は一体一体が神職の手作り

キツネの面の御用菓子

いなり煎餅

DATA ／ 総本家いなりや

住 京都府京都市伏見区深草開土町2（伏見稲荷大社境内）

交 JR「稲荷駅」下車 徒歩2分

時 8:30〜17:30　休 木（1日と祝日は営業）

一枚ずつ職人が手焼きして作る「いなり煎餅」は、白味噌の香りと胡麻の香ばしい味わいの伏見名物です。岐阜県で煎餅の製造販売をしていた初代店主・郷《ごう》龍《りゅう》蔵《ぞう》が昭和の初期に参拝へやってきた際、参道の賑わいや稲荷山の風景に魅せられて移住。「伏見稲荷らしいお土産を」と、岐阜で作っていた赤味噌の煎餅を京都の白味噌に替えて販売し、好評を博したそう。伏見稲荷大社の創建1300年を迎えた平成23（2011）年には、正式に神社御用菓子にも採用されました。

伏見稲荷大社 ふしみいなりたいしゃ

京都府 京都市

全国に約3万社あるといわれる稲荷神社の総本宮で、商売繁昌・五穀豊穣の神様として信仰を集めてきました。「千本鳥居」をはじめ数多くの朱塗りの鳥居は江戸時代に広まった、願い事が「通った」ことへのお礼に鳥居を奉納する信仰によるものといわれています。

1 稲荷山全体が御神域とされる伏見稲荷大社の御本殿は美麗なたたずまい　2 千本鳥居をぬけたところに位置する「奥社奉拝所」は御神域のお山を遥拝する場所　3 千本鳥居

DATA ／ 住 京都府京都市伏見区深草藪之内町68　交 JR「稲荷駅」下車 徒歩すぐ　時 境内自由

香ばしい醤油味の焼き団子

氷川だんご

香ばしい醤油の香りを参道に漂わせる「氷川だんご屋」の名物が、店名にもなっている焼き団子。秘伝の醤油たれにさっと団子をくぐらせてから丁寧に一本一本焼き上げた香ばしい団子は、モチモチの食感がクセになる味わい。海苔付きと海苔なしの2種類から選べ、テイクアウトのほか店内のスペースで食べることもできます。

DATA ／ 氷川だんご屋

住 埼玉県さいたま市大宮区高鼻町2-130 交 JR「大宮駅」下車 徒歩13分 時 9:00〜18:30 休 月（祝日の場合は翌日休）

氷川神社《ひかわじんじゃ》

埼玉県 さいたま市

2400年以上の長い歴史を誇る古社で、関東を中心に分布する氷川神社の総本宮。武蔵国の一の宮として信仰を集め、「大いなる宮居」として大宮の地名にもなりました。古杉や老松の大木がたたずむ緑あふれる境内や、約2kmのけやき並木の参道は、地域に親しまれる存在です。

1 明治時代に改築された現在の拝殿　2 朱塗りが美しい楼門
3 参道には南北に約2kmけやきやクスノキの並木が続く

DATA ／ 住 埼玉県さいたま市大宮区高鼻町1-407 交 JR「大宮駅」下車 徒歩15分 時 春秋（3、4、9、10月）5:30〜17:30／夏（5〜8月）5:00〜18:00／冬（1、2、11、12月）6:00〜17:00

かつて神社が作っていた
お餅を復刻
鳩餅

DATA ／ 三宅八幡茶屋

住 三宅八幡宮境内
時 9:00～16:00
休 火

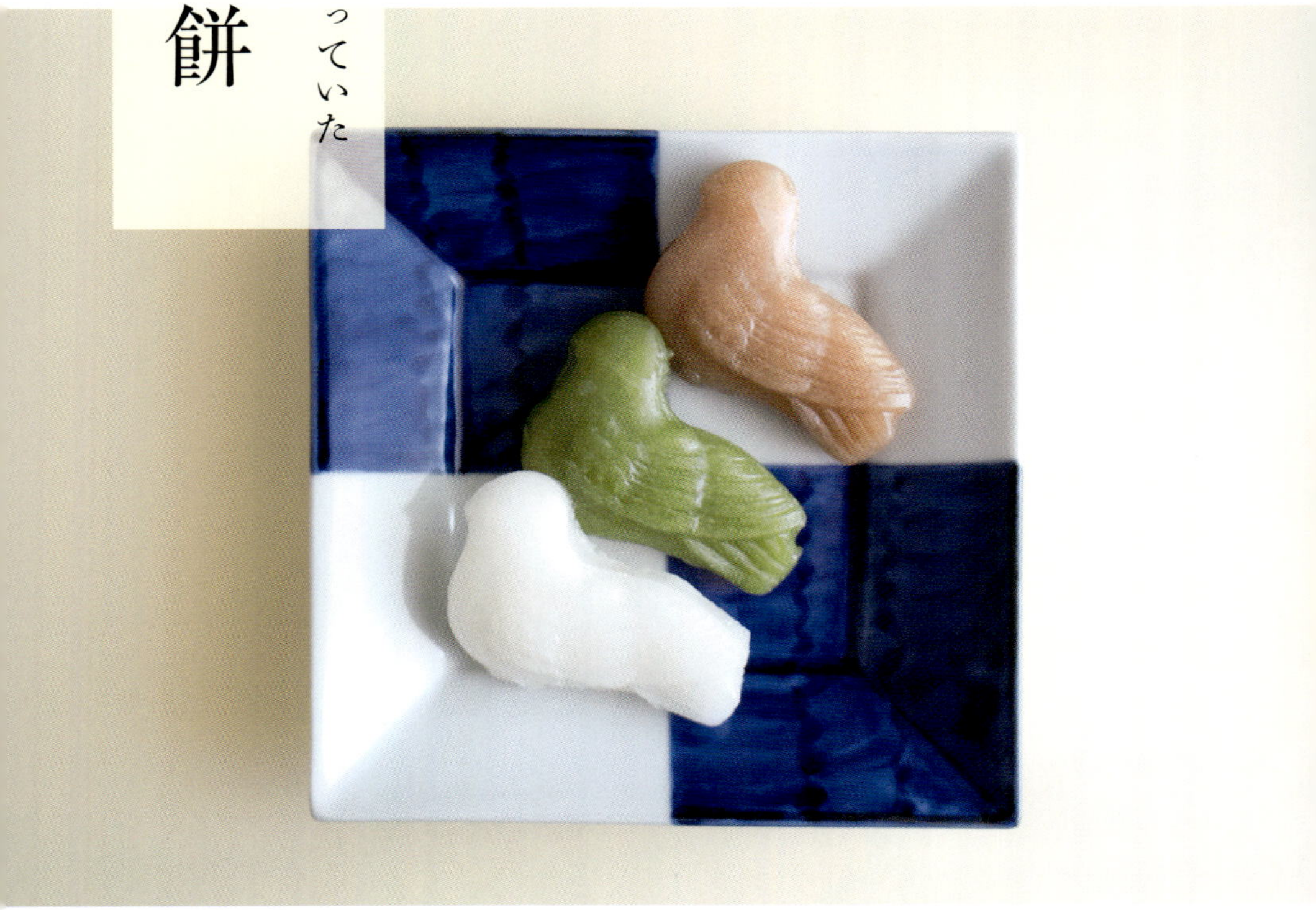

三宅八幡宮の御祭神・八幡大神のお使いである鳩をかたどった愛らしい「鳩《はと》餅《もち》」。かつて神社で作って参拝者に振る舞われた菓子でしたが、長く絶えていました。平成20（2008）年頃、当時の宮司が「鳩餅」を復活させるため、同じく米粉を使った菓子を作る聖護院八ッ橋総本店に製造を委託。現在では参道にある「三宅八幡茶屋」で食べられるほか、箱入りの「鳩餅」を買って帰ることができるようになりました。モチモチとした食感の優しい甘味で、白、ニッキ、抹茶の3種類があります。京都高島屋の地下にある「全国銘菓百選」のコーナーでも購入可能です。

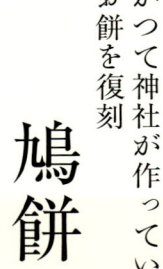

1

2

3

4

5

6

三宅八幡宮 みやけはちまんぐう

京都府 京都市

小野妹子《おののいもこ》が遣隋使から戻った後、大分県の宇佐八幡宮を勧請したのが創始とされています。子供の守り神として知られ、かんの虫封じや夜泣き封じ、学業成就などの御利益で信仰されてきました。八幡神を勧請した際、白い鳩が道案内をしたという伝承があり、参道入り口には狛犬ならぬ狛鳩がいるほか、御守りや絵馬、おみくじにも鳩が描かれています。

1 境内のさまざまな場所に鳩があしらわれている三宅八幡宮　2 劇聖と呼ばれた９代目市川團十郎が寄付した井桁　3 めずらしい狛鳩の石像　4 白い鳩の中におみくじが入っています　5 お宮参りに土製の人形「神鳩」をいただき、子供が無事に成長したらお礼参りをしてお返しにくるならわしがあります　6 鳩の御守り「福を呼ぶ鳩鈴」

DATA ／ 住 京都府京都市左京区上高野三宅町　交 叡山電鉄「八幡前駅」下車 徒歩約２分　時 境内自由

DATA ／ 元祖人形焼 木村家本店

住 浅草寺仲見世通り
時 9:30〜18:30
休 不定休

召しませ浅草寺のシンボル

人形焼

約250mにおよそ90軒もの土産物店が建ち並ぶ、雷門《かみなりもん》から浅草寺まで続く参道の仲見世通りは日本で最も古い商店街だともいわれています。なかでも明治元（1868）年に創業した「木村家本店」の「人《にん》形焼《ぎょうやき》」は、数ある人形焼店の元祖というべき存在。浅草寺の五重塔や提灯《ちょうちん》、雷様、鳩の4種類をかたどった焼き型で作られる人形焼は訪日外国人にも大人気。生地に合うように厳選された小豆を使用した程よい甘さの餡がたっぷり詰まった、浅草土産の定番です。

1

2

浅草寺《せんそうじ》

東京都 台東区

創建は飛鳥時代とされ、1400年近い歴史をもつ都内最古の寺院で、国内外から年間3000万人もの参詣者が訪れます。本堂や五重塔をはじめ見どころが多く、正式名称を「風雷神門《ふうらいじんもん》」という雷門は日本を代表するランドマークとして国内外に知られています。昭和35（1960）年に実業家・松下幸之助の寄進によって再建された山門に吊された巨大な提灯は、高さ3.9m、重さ700kgで底には火事から寺を守るといわれる龍の図が描かれています。

4

5

3

1 江戸時代には徳川家の祈願所に指定された　2 常に多くの人で賑わう雷門には風神と雷神が祀られている　3 最上階にはお釈迦様のお骨が奉安されている五重塔　4 雷門の提灯を模した「雷門合格守」　5 蓮の花の花びらの形をした「蓮弁守」のなかには観音様が収められている

DATA ／ 住 東京都台東区浅草２-３-１　交 地下鉄「浅草駅」下車 徒歩５分　時 4～9月 6:00～17:00／10～3月 6:30～17:00

茶店で振る舞われた名物餅 おせきもち

白い餅と草餅にあんこがたっぷりのせられた「おせきもち」。江戸時代に鳥羽街道にあった茶屋で働く〝せき女〟という名の女性が、旅人に餅をつくって食べさせもてなしたことが評判となりました。餅はいつしか「おせきもち」と呼ばれるようになります。国道の敷設によってその後、茶屋は現在の地に移転し、今では城南宮の参拝者のお土産菓子としても愛されています。

DATA ／ おせきもち

住 京都府京都市伏見区中島御所ノ内町16
交 地下鉄「竹田駅」下車 徒歩15分
時 8:30〜18:00 休 月・火

城南宮 じょうなんぐう

京都府 京都市

平安遷都の際に、都の南に都と国の守護神として創建された神社です。「方除《ほうよ》けの神様」として信仰を集めています。平安時代後期に白河上皇らが離宮を造営し、この地で院政を行ったため政治や文化の中心地ともなりました。庭園「楽水苑」は「源氏物語花の庭」とも呼ばれています。春と秋には毎年「曲水《きょくすい》の宴《うたげ》」が催され、平安絵巻さながらの雅な装束を身に着けて行われる行事は京都の風物詩でもあります。

1 歴史的な「鳥羽・伏見の戦い」が始まった場所でもあり、勝利した薩摩藩が城南宮へお礼のお詣りを行っている 2 しだれ梅の名所として知られ、150本もの梅が一斉に咲き誇る姿は圧巻 3 厄除けや魔除けの祭具「剣鉾」の先端をかたどった「厄除御守」

DATA ／ 住 京都府京都市伏見区中島鳥羽離宮町7 交 地下鉄「竹田駅」下車 徒歩15分 時 境内自由

1000年続く、厄除けのお餅

あぶり餅

「あぶり餅」は、一口大のお餅にきなこをまぶして竹串に刺してあぶり、白味噌のタレを塗った餅菓子。都に疫病が蔓延した正暦5（994）年、一条天皇が悪疫退散の祈願を行った際、参道の茶屋「一和」の初代・一文字和助が御神前に菓子をお供えします。そのお下がりを厄除けに食べたところ疫病を免れたことから、厄除けのご利益があるといわれるようになりました。ほどよい甘さと香ばしい風味はあとを引くおいしさです。

DATA／

一文字屋和輔

住 京都府京都市北区紫野今宮町69 交 阪急「烏丸駅」から市バス「今宮神社前」下車 徒歩3分 時 10:00～17:00 休 水（1日、15日、祝日の場合は翌日休）

今宮神社 いまみやじんじゃ

京都府 京都市

平安中期、紫野《むらさきの》で疫病を鎮めるため行われた「御霊会《ごりょうえ》」に際して建てられた社が今宮神社の創始です。徳川幕府の将軍・徳川綱吉の生母である桂昌院（お玉）にゆかりの深い神社で、玉の輿のご利益で知られます。桂昌院は故郷の西陣への愛着が深く、今宮神社の社殿造営など再興に尽力しました。

DATA／ 住 京都府京都市北区紫野今宮町21 交 阪急「烏丸駅」から市バス「今宮神社前」下車 徒歩すぐ 時 境内自由

1

2

3

1 桜の頃に疫病が流行るとされ春に斎行されてきた「やすらい祭」。花傘の下に入れば、その年は健康で過ごせるといわれる 2 西陣の織物で作られる「玉の輿お守」は、桂昌院の出世にあやかった開運出世の御守り 3「子寳守」はおくるみに包まれた赤ちゃんを模した御守りで若宮をと祈念を込めて奉製されている

DATA／清め茶屋

住 熱田神宮境内
時 9:30〜16:30
休 無休

熱田神宮の茶屋にちなんだ名物餅
きよめ餅

熱田詣の土産として定番となっている「きよめ餅」が誕生したのは、天明５（１７８５）年頃のこと。熱田神宮の西門付近に「清め茶屋」が設けられ、参拝者はまずここに立ち寄って一服し、姿勢を正して参拝に向かうのが習わしになっていました。その茶屋の名にちなんで売り出されたのが「きよめ餅」です。その後、茶屋は戦禍にあうなどしましたが再建され、数百年前と変わらず参拝者の舌を喜ばせています。茶屋ではお抹茶とのセットでいただけるほか、駅近辺の土産物店でも購入することができます。

熱田神宮 あつたじんぐう

愛知県 名古屋市

熱田神宮の創始はおよそ1900年前、三種の神器のひとつ“草薙神剣《くさなぎのみつるぎ》”が熱田の地にお祀りされたことに始まります。御祭神の熱田大神とは、この草薙神剣を御《み》霊代《たましろ》とした天照大神《あまてらすおおかみ》のこと。広い境内は緑にあふれ、市民のオアシスとしても親しまれる存在です。境内・境外には本宮・別宮のほか43社が祀られています。

DATA ／ 住 愛知県名古屋市熱田区神宮1-1-1　交 名鉄「神宮前駅」下車 徒歩3分　時 境内自由

1 以前は尾張造だった御本殿。現在は伊勢神宮と同じ神明造となっている　2 緑豊かな参道。四季の装いあふれる市民の杜として愛されている　3 熱田神宮でもっとも重要な祭典。毎年6月5日斎行　4 熱田神宮の御祭神「日本武尊《やまとたけるのみこと》」の「しろとり伝説」にちなんだ「白鳥守」　5「こころ守」は気持ちが落ち着くように祈願されている

4

5

DATA ／ 京菓子司 笹屋守栄

住 京都府京都市北区衣笠天神森町38
交 京福「北野白梅町駅」下車 徒歩10分 時 9:00 ～ 18:00 休 水（最終週は火、水）

京都の桜の名所・平野神社で祈祷した桜花を使用

平野の桜

昭和12（1937）年に開業した和菓子店「笹屋守《ささやもり》栄《え》」で一年を通して販売されているのが、桜味の羊羹《ようかん》「平野の桜」です。お店から南に歩いて3分ほどの場所にある、京都でも名高い桜の名所・平野神社ゆかりのお菓子。桜の花の塩漬けと、桜のリキュールを使って味つけされています。淡いピンク色の美しい羊羹は甘さ控えめのこし餡と、ふんわりと薫る桜の塩味が好バランス。同じく桜の塩漬けとリキュールを使った桜餡を挟んでいただく最中「平野のもなか」も人気。どちらもお菓子の材料として使われる前に平野神社でご祈祷をしている、神様の御神霊が宿るありがたい一品です。

平野神社 ひらのじんじゃ

京都府 京都市

延暦13（794）年、桓武天皇の平安遷都の際に創建された平野神社。花山天皇が寛和元（985）年に境内に桜を植えて以来、桜の名所として知られることになり「桜ノ宮」とも呼ばれます。京都の桜の名所のなかでも群を抜いて品種数が多く、約60種・約400本が咲き誇る様子は別格の美しさです。

1 平野神社独特の建築様式「平野造《ひらのづくり》」
2 様々な催しが開催される夜桜見物
3 子リスと桜の珍しいおみくじ
4 桜の香りが楽しめる御守りも

DATA／住 京都府京都市北区平野宮本町1　交 京福「北野白梅町駅」下車 徒歩7分
時 6:00～17:00

1

3

4

2

日本三大祭のひとつ、
祇園祭の菓子

祇園ちご餅

DATA ／ 三條若狭屋

住 京都府京都市中京区三条通堀川西入ル橋西町675
交 地下鉄「二条城前駅」下車 徒歩5分
時 9:00〜17:30
休 水

およそ1カ月間かけて行われる八坂神社の祭礼、祇《ぎ》園《おん》祭。京の夏の風物詩で、八坂神社で斎行される「稚児社参」という行事があります。神使となって祇園祭を司る稚児たちが儀式後に表参道で休憩し、お茶とともに振る舞われた味噌のお餅がありました。このお餅を食べると疫を除き、福を招くといわれました。大正時代、三條若狭屋の二代目・如泉が祇園祭で稚児たちの世話役をした折、廃れていたお餅の習慣を知ります。これを復活させたのが「祇園ちご餅」で、甘い白味噌の餡を柔らかな求肥で包み、氷餅をまぶして仕上げました。しっとりとした味噌が雅な味わいです。

八坂神社 やさかじんじゃ

京都府 京都市

全国におよそ3000社ある八坂神社の総本社で、京の町の人々からは「祇園さん」と親しまれている神社です。斉明天皇2（656）年に創祀され、御祭神に素戔嗚尊《すさのをのみこと》をお祀りしています。素戔嗚尊はインドの寺院・祇《ぎ》園精舎《おんしょうじゃ》を守護する牛頭天王《ごずてんのう》と同一視され、明治元年まで八坂神社は祇園社と呼ばれてきました。

DATA／住 京都府京都市東山区祇園町北側625　交 京阪「祇園四条駅」下車 徒歩約5分　時 境内自由

Check

祇園祭のはじまり

牛頭天王は疫病を司る神だと信じられていました。疫病が大流行した貞観11(869)年、牛頭天王の祟りだと考えた人々は疫病退散を祈願して「祇園御霊会」を行いました。これが祇園祭の起源といわれています。疫病を退散させるため、長さ3.6メートルの矛《ほこ》を造って町を練り歩いたことが、現在も続く山鉾巡行の元になったと考えられています。

大名行列のお接待で誕生したお餅
あんころ餅

400年間、倉敷の人々に愛され続けている「あんころ餅」。江戸時代、参勤交代によって備前《びぜん》の藩主・池田侯が由加山を訪れた際に大名行列のお接待のため、あんこをまぶした餅を振る舞ったのが始まりといわれています。土～月曜日には、由加神社本宮表参道入り口の「太助茶屋あんころ堂」内に「ジンジャ花カフェ」もオープン。由加神社の御神水で点《た》てられた抹茶や珈琲とともにあんころ餅をいただけます。

DATA ／ 太助茶屋あんころ堂
住 由加神社本宮表参道入り口
時 8:00～17:00
休 水、木

由加神社本宮 ゆがじんじゃほんぐう
岡山県 倉敷市

厄除けの神様としても有名な全国に分社をもつ由加神社の本宮。江戸時代には「ゆがさん・こんぴらさん両参り」、つまり由加神社本宮と香川県の金刀比羅宮《ことひらぐう》を両方お詣りするとご利益が倍増するといわれ、両参りの風習が広がりました。

1 岡山県の重要文化財に指定されている権現造の本殿
2 大鳥居は備前焼。両側には同じく備前焼の狛犬が鎮座する 3 ユーモラスなタコ神様（タコは児島名産）も鎮座

DATA ／ 住 岡山県倉敷市児島由加2852 交 JR「児島駅」からタクシーで約20分 時 8:30～16:30

つづら折りの山道をあらわしたお団子
志んこ

1 「志んこ」のねじれた形は、愛宕山上へ向かうつづら折りの山道をあらわしている　2 趣ある茶屋の「平野屋」。鮎料理もいただける

愛宕神社の参道の名物菓子といえば「志《し》んこ」。米粉を使ったお団子で、ニッキ・お茶・白の3色があり、ねじれた形をしています。この形は、愛宕山のつづら折りの山道をあらわしており、山を登って参拝へ向かう人々を優しい甘さで癒やしてきました。

当時はこの名物が参道のあちこちで食べられましたが、今は愛宕神社の一の鳥居のふもとに茶店を構える「平野屋」のみとなっています。

DATA ／ 平野屋

住 京都府京都市右京区嵯峨鳥居本仙翁町16　交 JR「嵯峨嵐山駅」から車で約10分、京福「嵐山駅」から車で約10分、阪急「嵐山駅」から車で約10分　時 9:00〜21:00（志んこの販売は18時頃まで。お食事は11時半から）　休 無休

愛宕神社《あたごじんじゃ》

京都府 京都市

京都市の愛宕山上に鎮座する愛宕神社。全国900社の愛宕神社の本社であり、火伏・防火に霊験のある神社として知られます。江戸時代には「伊勢へ七度、熊野へ三度、愛宕様へは月参り」と詠まれ、古くから人々の信仰を集めました。

3 京都市の最高峰である愛宕山上に鎮座する。山頂からの眺望も素晴らしい　4 本殿の奥・若宮社にある絵馬は、片倉小十郎奉納の絵馬の復元　5 「火迺要慎」（ひのようじん）と書かれた火伏札。京都では、多くの飲食店厨房や家庭の台所に貼られている

DATA ／ 住 京都府京都市右京区嵯峨愛宕町1　交 京福「嵐山駅」から京都バス「清滝」下車 徒歩約90分〜120分　時 境内自由

神前の供米から誕生した供饌菓子

くつわ・あかだ

津島市の祖先の遺産にもなっている「くつわ」と「あかだ」。「くつわ」は白米ともち米に砂糖と胡麻を混ぜた団子生地を菜種油で揚げたお菓子で、歯ごたえのある食感。「くつわ」の形は「茅《ち》の輪《わ》くぐり」の神事に使われる茅の輪をかたどったもの。神馬の轡《くつわ》に似ていることからこの名がついたとか。一方の「あかだ」は赤団子の略で、醤油、砂糖は使わない素朴な米の味。一説によると疫病よけのご利益があるとして参拝者が買い求めたといいます。

DATA ／ あかだ屋清七

住 愛知県津島市祢宜町1　交 名鉄「津島駅」下車 徒歩13分　時 9:00～18:00　休 不定休

津島神社 つしまじんじゃ

愛知県 津島市

かつては津島牛頭天王社《ごずてんのう》と呼ばれ、「津島の天王さま」として崇敬された、全国に約3000社ある天王社の総本社です。欽明天皇元（540）年の創始と伝えられており、織田家や豊臣家、徳川家といった武将の崇敬も篤く、社殿の造営等が行われました。

1 現在の御本殿は慶長10（1605）年の建造で、徳川家康の四男・松平忠吉の妻・政子の寄進によるもの　2 東鳥居から見た楼門は国指定の重要文化財。天正19（1591）年に豊臣秀吉が寄進した　3 平成28（2016）年12月ユネスコ無形文化遺産に登録された「尾張津島天王祭」で天王川を渡る舟を模した御守り

DATA ／ 住 愛知県津島市神明町1　交 名鉄「津島駅」下車 徒歩14分　時 境内自由

1

2

3

天狗にちなんだ、
十穀入りのおだんご

十穀力団子

1 名物「十穀力団子」は10種類の穀物が使われている
2 境内にある高尾山薬王院直営の「喫茶小坊 一福」

高尾山薬王院境内にある「喫茶小坊《こぼう》一福《いっぷく》」の名物が「十穀力団子《じゅっこくりきだんご》」。高尾山の天狗にちなんで、10種類の具=「十具（てんぐ）」の団子として親しまれています。十穀が入った大きめの団子を3つ串に刺して炭火であぶっており、モチモチのお団子の食感に香ばしい表面の焼き色、そしてプチプチとした十穀の歯触りが魅力です。

DATA ／ 喫茶小坊 一福
住 高尾山薬王院境内　休 不定休

高尾山薬王院 たかおさんやくおういん

東京都 八王子市

天平16（744）年、行基《ぎょうき》僧正によって開山されました。現在のご本尊は飯縄《いづな》大権現。高尾山薬王院ではご本尊とともに、その眷《けん》属《ぞく》である天狗も信仰されています。成田山新勝寺・川崎大師平間寺と並び、真言宗智山派の関東三大本山のひとつ。

3 明治34（1901）年に建立された入母屋造りの大本堂　4 大天狗の像。高尾山には天狗信仰も根付いている　5 極彩色の装飾が施され、華麗な印象の飯縄権現堂

DATA ／ 住 東京都八王子市高尾町2177　交 京王線「高尾山口駅」から高尾登山電鉄ケーブルカーまたはエコーリフトに乗車。下車後 徒歩20分～30分

鳩をモチーフにした鎌倉土産の定番

鳩サブレー

鎌倉銘菓として全国的な知名度を誇る「鳩サブレー」は、黄色のパッケージとかわいらしい鳩の形、そして豊かなバターの香りが楽しめるお菓子です。誕生のきっかけは「豊島屋」が店を開いて間もない明治30（１８９７）年のこと。初代店主・久保田久次郎氏が貰い物のビスケットを食べたことにはじまります。その味に魅せられて、オリジナルのビスケットを作るべく試行錯誤し、丸い形の焼き菓子を生み出します。

しかし、鳩が神使の鶴岡八幡宮を崇敬していた久次郎氏は、かねてから子供に親しまれている鳩をモチーフになにかを作ろうと考えていたこともあり、鳩の抜き型でお菓子を完成させました。それが今も久次郎氏のデザインがそのまま使われている「鳩サブレー」です。

また、和三盆と豆粉を使用した落雁《らくがん》「小鳩豆楽《まめらく》」は大正時代に誕生した鳩の形のお菓子です。

DATA ／ **豊島屋 本店**

住 神奈川県鎌倉市小町2-11-19

交 JR「鎌倉駅」下車　徒歩5分

時 9:00～19:00　休 水 不定期休

1

2

鶴岡八幡宮 つるがおかはちまんぐう

神奈川県 鎌倉市

今や鎌倉のシンボリックな存在である鶴岡八幡宮は、康平6（1063）年に源頼義が源氏の守り神として、京都の石清水《いわしみず》八幡宮を勧請し、その後、源頼朝が現在の地へ遷したことが創始とされる神社です。鎌倉まつりや例大祭で行われる､馬の上から的を射る勇壮な流鏑馬《やぶさめ》は必見です。

1 御本殿は大臣山の中腹に鎮座　2「流鏑馬神事」など武家の守り神らしい神事が今も伝わる　3 初夏には一面に咲く蓮の花が美しい源平池　4 切り絵のような美しさの「仕事守」。流鏑馬神事の矢を射る瞬間の様子が描かれている　5 矢の形をした珍しい「破魔矢守」　6 イチョウの葉とふっくら愛らしい鳩の形をした鈴の御守り「鳩鈴守」

DATA ／ 住 神奈川県鎌倉市雪ノ下2-1-31　交 JR「鎌倉駅」下車徒歩10分　時 6:30〜20:30

3

4

5

6

元祖海苔羊羹

江の島の青海苔を使って考案された
郷土色豊かな羊羹

明治35（1902）年に江の島の展望灯台から岩屋洞窟に向かう名勝「山二つ」にて創業した「中村屋羊羹店」。「元祖海苔羊羹《のりようかん》」は上品な白隠元餡《しろいんげんあん》に青海苔を混ぜ合わせた風味豊かな一品で、江島神社を参拝する人々のお土産として考案されました。

約10席ある喫茶室からは「山二つ」の絶景を眺められます。海苔羊羹&抹茶セットなどをいただきながら一休みしてみては。

DATA／中村屋羊羹店

住 神奈川県藤沢市江の島2-5-25　交 小田急「片瀬江ノ島駅」下車 徒歩25分、江ノ電「江ノ島駅」下車 徒歩25分　時 9:00〜18:00　休 不定休

江島神社《えのしまじんじゃ》

神奈川県 藤沢市

安芸《あき》の宮島、近江《おうみ》の竹生島《ちくぶしま》とともに日本三大弁財天のひとつとして知られます。田《た》寸津比賣命《ぎつひめのみこと》を祀る「辺津宮《へつみや》」、市寸島比賣《いちきしまひめの》命《みこと》を祀る「中津宮《なかつみや》」、多紀理比賣命《たぎりひめのみこと》を祀る「奥津宮《おくつみや》」の3社からなり、島全体が信仰の対象とされてきました。

2

3

1 権現造の辺津宮の社殿。屋根には江島神社の社紋が見られる　2 高低差のある立地に「辺津宮」「中津宮」「奥津宮」の3社がある　3「よくばり美人守」には女性にはうれしい「美肌守」「美髪守」などさまざまな種類が

DATA／住 神奈川県藤沢市江の島2-3-8　交 小田急「片瀬江ノ島駅」下車 徒歩15分、江ノ電「江ノ島駅」下車 徒歩15分　時 8:30〜16:30（奉安殿）

桜の名所として市民に広く親しまれている南湖《なんこ》公園は江戸時代、名君の誉れ高い松平定信によって築庭が始められ享和元（1801）年に開園しました。工事の際に、職人たちの賄いとして振る舞われたのが、腹持ちのする米粉で作られた「南湖だんご」だと伝えられています。現在も公園内には複数のお店が軒を連ね、餡やみたらし、ずんだなど店ごとに異なる味の団子を楽しむことができます。

DATA ／花月

住 福島県白河市南湖2　交 JR「白河駅」「新白河駅」からタクシーで5分　時 9:00〜18:00　休 不定休

松平定信公ゆかりのお団子
南湖だんご

Check

福島県白河市をPRするゆるキャラ「しらかわん」の好きな食べ物のひとつが南湖だんごだそう

南湖神社 なんこじんじゃ

福島県 白河市

日本最古の公園といわれる南湖公園の一画に鎮座する南湖神社は、大正天皇御即位御大典記念事業により、大正11（1922）年に松平定信公を御祭神とする神社として創建されました。樹齢200年をかぞえる御神木のシダレザクラは「楽翁桜《らくおうざくら》」と呼ばれ、春には参拝に訪れる人々の目を楽しませています。

1

2

3

1 御祭神の松平定信公の遠い祖先は菅原道真公だと伝えられていることから、松平家の家紋「星梅鉢」を社紋に使用している　2 シダレザクラ「楽翁桜」は、松平定信公の号にちなんで名付けられた。築庭時にお手植えされたと伝わる　3 境内には松平定信公の石像がある

DATA ／ 住 福島県白河市菅生舘2　交 JR「白河駅」「新白河駅」からタクシーで5分　時 境内自由

母の愛の伝承が残る

幽霊子育飴

おどろおどろしい印象の「幽霊《ゆうれい》子《こ》育飴《そだてあめ》」ですが、袋を開けると出てくるのは黄金色の麦芽糖の飴。江戸時代、立本寺にある墓地の壺のなかで生まれた赤ちゃんを、母の幽霊が育てようとして毎夜東山にある飴屋「みなとや」へ行って買い与えたとする伝承があります。後にこの赤ちゃんが成長し、立本寺の第20世貫主・日審上人《にっしんしょうにん》となったというものです。上人は書面に壺を模した花押《かおう》（印）を押したことから、このような伝承が生まれたとも考えられています。

立本寺 りゅうほんじ

京都府 京都市

元亨元（1321）年、西日本で最初に建てられた日蓮宗の道場・妙顕寺龍華院が始まりと伝えられています。日蓮宗の守護神である「鬼子母神《きしもじん》」をお祀りしていることから「北野の鬼子母神さま」とも呼ばれ、安産や子育ての守護を祈願する女性たちに信仰されています。

1 境内には数多くの桜の木が植えられており、桜の名所としても知られている 2 安産や子育て守護にご利益がある「鬼子母神さまの御守」

DATA ／ 住 京都府京都市上京区七本松通仁和寺街道上る一番町107 交 JR「京都駅」から市バス「千本中立売」下車 徒歩5分 時 9:00～16:30

2

蒙古襲来に起源をもつ 糸切餅

細長いお餅で餡を包み、糸で短く切った「糸切《いときり》餅」。起源は蒙古《もうこ》襲来の時代にまでさかのぼります。神風が吹いて蒙古軍に勝利したことを喜んだ人々が、白のお餅に蒙古軍の旗印を模した赤青三筋を入れ、弓のつるで切って神前にお供えしたのが始まりです。米粉を二度蒸しして搗《つ》いたお餅は、とてもやわらかくなめらか。長寿の願いもこめられています。

DATA ／ 多賀や

住 滋賀県犬上郡多賀町多賀601　交 近江鉄道「多賀大社前駅」下車 徒歩９分　時 8:00～17:00（１月は延長）　休 無休

多賀大社 たがたいしゃ

滋賀県 犬上郡

年間約170万人の参拝者が訪れ、地元の人々から「お多賀さん」と親しまれる神社です。古くから「お伊勢参らばお多賀へ参れ、お伊勢お多賀の子でござる」という俗謡が生まれるほどで、伊勢や熊野と並んで多くの崇敬を集めました。伊邪那岐《いざなぎ》大《のおお》神《かみ》と伊邪那美大神《いざなみのおおかみ》の夫婦神をお祀りすることから縁結びの神様として信仰されています。

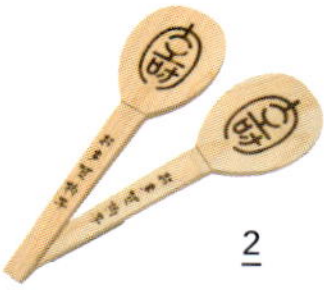

2

1

3

1 全国に250社ある多賀神社の総本社がここ多賀大社　2 長寿祈願の縁起物「お多賀杓子《しゃくし》」は奈良時代、元正天皇が病気をされた際におこわを炊いて杓子とともに献上、治癒された故事に由来する　3 かわいらしい「こいまもり花むすび」は女性に人気

DATA ／ 住 滋賀県犬上郡多賀町多賀604　交 近江鉄道「多賀大社前駅」下車 徒歩10分　時 境内自由

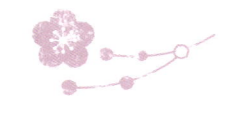

DATA／

六花亭 神宮茶屋店

住 北海道神宮境内

時 9:00〜17:00

休 無休

「北海道開拓の父」にちなんだ焼き餅

判官さま

北海道の人気菓子店「六《ろっ》花《か》亭《てい》」が、北海道神宮の境内にある休憩所「神宮茶屋」で販売している焼き餅「判《はん》官《がん》さま」。つぶ餡をつきたてのやわらかいそば粉入りのお餅で包んだお菓子で、明治2（1869）年、初代開拓判官として佐賀から赴任し、北海道の開拓に尽力した島義勇《しまよしたけ》にちなんで作られました。注文するとその場でジュッと焼いてくれるのでアツアツが食べられます。店内はお土産も充実。お茶の無料サービスもあり。普段はここでしか食べられないお菓子ですが、札幌まつりの際には六花亭全店でも販売しています。

1

北海道神宮 ほっかいどうじんぐう

北海道 札幌市

明治天皇によって北海道の開拓と発展の守護神として三柱の神様をお祀りしたのが始まりの北海道神宮。開拓判官として赴任していた島義勇が鎮座地を定めたといわれています。島はまだ原野だった北海道を世界一の都にするため、3ヵ月の短い任期中に現在の札幌の町づくりの礎を築きました。

2

1 明治2(1869)年創建の北海道総鎮守　2 参道に建つ「島判官の像」　3 島義勇らを祀る境内社・開拓神社　4 頓宮《とんぐう》で頂ける恋愛成就守り。お詣りの際に狛犬を撫でると恋愛が成就するといわれている

3

DATA／住 北海道札幌市中央区宮ケ丘474　交 地下鉄「円山公園駅」下車 徒歩15分　時 9:00〜17:00
(頓宮)住 北海道札幌市中央区南二条東3　交 地下鉄「バスセンター前駅」下車 徒歩3分　時 4〜10月 6:00〜17:00／11〜2月 7:00〜16:00／3月 7:00〜17:00

4

御祭神・菅原道真公の故事にまつわる餅菓子

梅ヶ枝餅

1 茶房きくちの1Fは店舗、2Fは喫茶になっている

DATA／茶房きくち

住 福岡県太宰府市宰府2-7-28(太宰府天満宮参道) 交 西鉄「太宰府駅」下車 徒歩5分
時 8:30〜17:30(土日は〜18:00) 休 木(25日が木曜の場合は前日の水)

太宰府天満宮の名物菓子として全国的にも知られる梅ヶ枝餅は、薄い餅生地で餡をくるみ、梅の花の刻印がある鉄板で焼きつけた餅菓子。パリッとした表面と、モチモチとした食感が同時に味わえる、クセになる美味しさです。梅ヶ枝餅は太宰府天満宮の御祭神である菅原道真《すがわらのみちざね》公にゆかりが深く、道真公の太宰府の地での暮らしを見かねた老婆が、梅の枝に粟餅を巻き付けて差し入れた……という故事にならい、太宰府天満宮の近隣で作られるようになったのがはじまりとされています。また、道真公の月命日である25日には、限定のよもぎ味が販売されます。

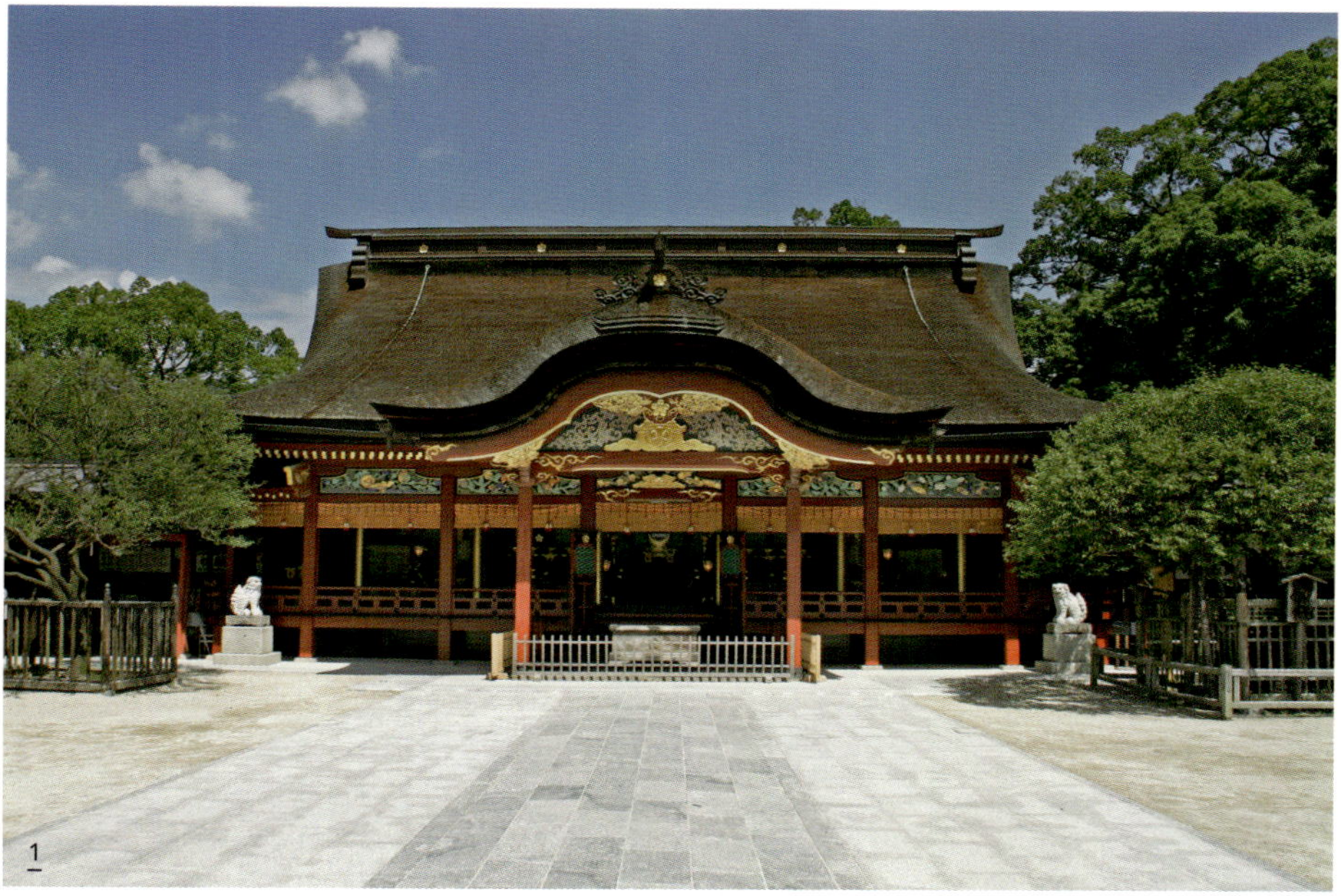

1

2

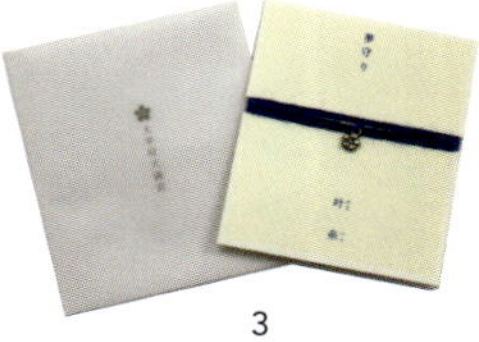

3

4

5

1 現在の御本殿は小早川隆景によって天正19（1591）年に再建されたもの。桃山時代の建築様式の特徴を多く残しており、国の重要文化財に指定されている。 2 心字池《しんじいけ》にかかる3つの橋は、「過去・現在・未来」を表すとされる。仏教思想の「三世一念」によるもの 3 「夢守り叶糸」は、手首や鞄などいつも身に着けるものに結び付ける御守り。青い糸に梅の紋をかたどったチャームがついている 4 学問の神様として、就職成就の祈願に訪れる人も多い 5 境内の梅の木から採れた梅の実が入った御守り

DATA ／ 住 福岡県太宰府市宰府4-7-1 交 西鉄「太宰府駅」下車 徒歩5分 時 6:30〜18:30 ※時季により変更

太宰府天満宮《だざいふてんまんぐう》

福岡県 太宰府市

創建は延喜5（905）年。天神さま（菅原道真公）をお祀りする全国約1万2000社の総本宮であり、学問・文化芸術・至誠・厄除けの神様として広く崇敬を集めてきました。御本殿の隣に御神木「飛《とび》梅《うめ》」があるほか、境内には約6000本の梅の木があり、日本有数の梅の名所としても知られます。

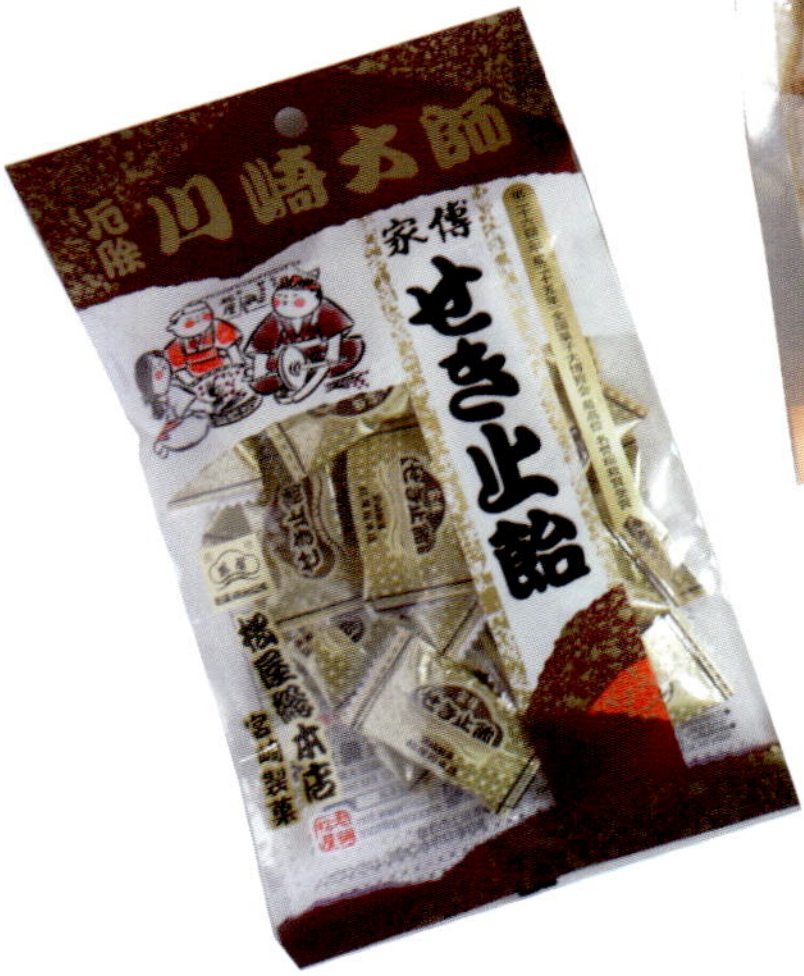

リズミカルな音と軽快な口上を楽しむ

開運とんとこ飴

川崎大師の門前・仲見世通りの名物といえば「飴」。歩いていると参道の飴屋から細長く伸ばした飴を楽しそうな様子で、トントコトントコとリズミカルに切る音とともに小気味よい口上が聞こえてきます。明治元（１８６８）年に深川で創業した「松屋総本店」が、飴の専門店を川崎大師に出したのは昭和11（１９３６）年のこと。今では30種類以上の自家製飴を販売しています。仲見世が賑わう日曜や祭日には、店頭で職人による飴切りも見物できます。

DATA／松屋総本店

住 神奈川県川崎市川崎区大師町4-39 交 京急「川崎大師駅」下車 徒歩8分 時 9:00～17:00 休 無休

1

2

3

川崎大師平間寺 かわさきだいしへいけんじ

神奈川県 川崎市

開創は大治3（1128）年、深く仏法に帰依《きえ》していた平間兼乗《ひらまかねのり》と高野山の尊賢上人によって建立されたと伝えられています。御本尊は厄除弘法大師と称し、さまざまな災厄を取り除く「厄除けのお大師様」として深く崇敬を集めてきました。成田山新勝寺、高尾山薬王院と並ぶ関東三山です。

4

5

1 お正月には約300万人もの参拝者が訪れる　2 独特の外観が印象的な薬師殿は平成20（2008）年に建てられた。堂内には薬師瑠璃光如来像などが安置されている　3 開創850年の記念事業として昭和52（1977）年に建立された大山門　4 弘法大師のお姿を描いた良縁成就の「願掛け守」　5 心身の美を願う御守り「しょうづか べっぴん守」は西解脱門《にしげだつもん》の近くに祀られた「しょうづかの婆《ばあ》さん」のご利益にあやかったもの

DATA／住 神奈川県川崎市川崎区大師町4-48　交 京急「川崎大師駅」下車 徒歩8分
時 5:30～18:00（4月～9月）　6:00～17:30、但し21日は5:30～17:30（10月～3月）

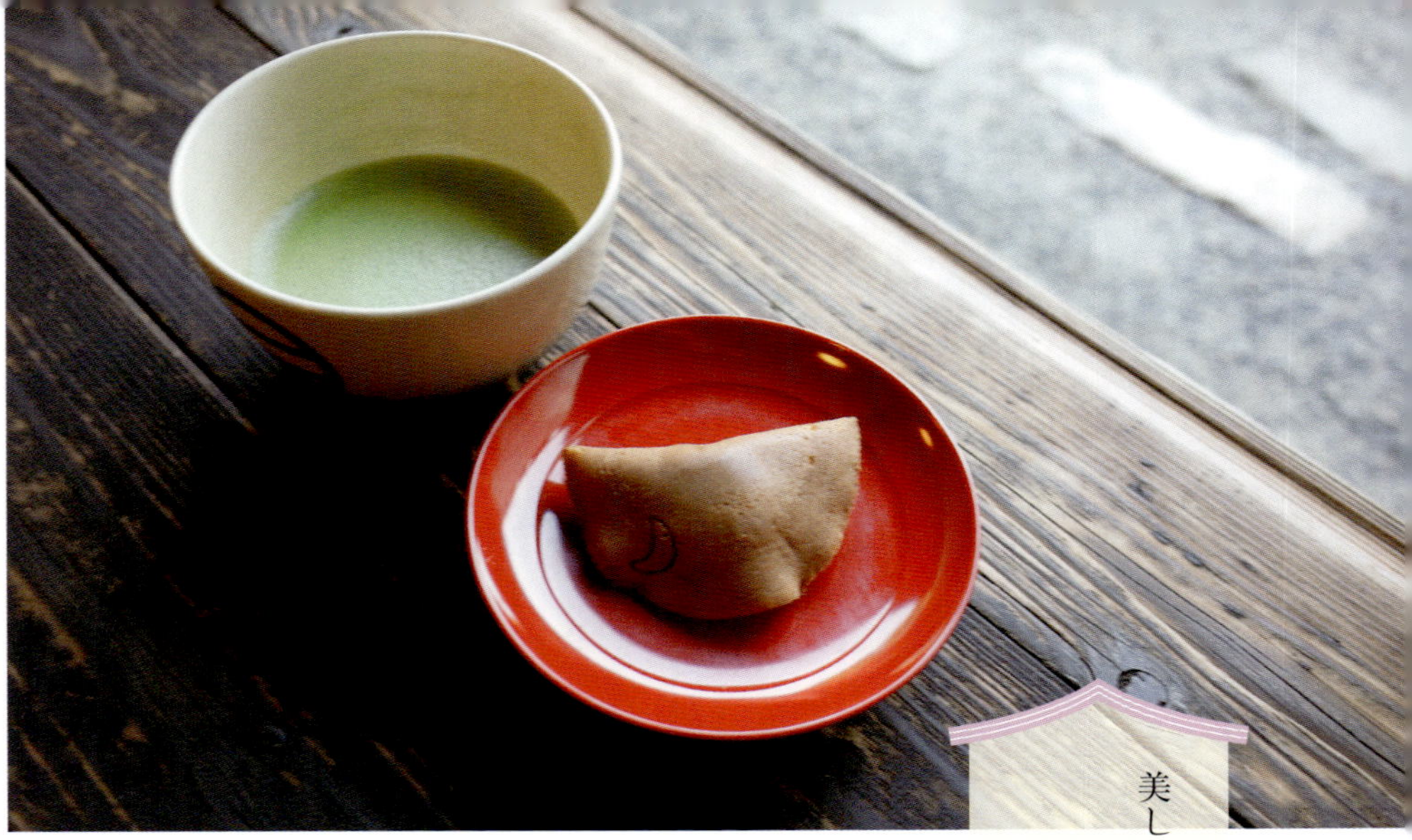

美しい日本庭園を眺めながら一服

芙蓉の月

等持院オリジナルのお菓子「芙蓉《ふよう》の月」は、安産のご利益で有名なわら天神宮の近くに店を構える菓子舗「笹屋守栄」（78ページ参照）の謹製。書院で足利家の家紋入りの茶器に入ったお抹茶、もしくは番茶とともにいただけますが、拝観時にお菓子だけを買って帰ることも可能です。芙蓉池をイメージして作られ、しっとりしたこし餡を包むやわらかな生地の焼き印は季節によって変わります。

等持院 とうじいん

京都府 京都市

暦応４（1341）年、足利尊氏によって開かれた寺院。歴代の足利将軍家の菩提寺であり、足利尊氏の墓所として知られています。歴代将軍の木像を安置するほか、美しい池泉回遊式《ちせんかいゆうしき》庭園、襖《ふすま》絵など見どころが多くあります。

1 度々戦禍に見舞われ荒廃したが、豊臣秀吉によって再興された　2 関牧翁《せきぼくおう》作の達磨《だるま》図　3 御守りや四季の庭園を写したポストカードなどの授与品も

DATA／ 住 京都府京都市北区等持院北町63　交 京福「等持院駅」下車 徒歩10分　時 9:00～16:30（16:00受付終了）

DATA

本門寺商店街・浅野屋本舗

住 東京都大田区池上4-32-7　交 東急「池上駅」下車 徒歩5分　時 9:30～19:00（喫茶は10:00～17:30）　休 不定休

門前町の名物として知られる

久寿餅

池上本門寺の門前町で古くから親しまれているのが久寿餅《くずもち》です。文筆家・大田《おおた》南畝《なんぽ》が文化6（1809）年に発行した『調布日記』には「葛餅うる家もみゆ」と記述があり、江戸時代から参詣者へ供していたことが窺い知れます。宝暦2（1752）年に創業した「浅野屋本舗」に伝わる話では、元禄時代に製法を考案。もとは本門寺の法会《ほうえ》で使用する生菓子だったといいます。1年以上かけて発酵させた小麦のでんぷんを使うなど、独自の製法で作り続けています。

池上本門寺《いけがみほんもんじ》

東京都 大田区

東京都大田区にある日蓮宗の大本山。弘安5（1282）年10月13日に日蓮聖人が入滅された霊場です。10月11～13日の3日間にわたって行われる「お会式《えしき》法要」は、約30万人もの参拝者でにぎわいます。高さ31.8mの五重塔は国の重要文化財にも指定されています。

1

2

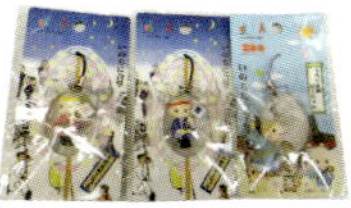

3

1 現在の大堂は昭和39（1964）年に再建されたもの。旧大堂は慶長11（1606）年、加藤清正公によって造営されたが惜しくも空襲で焼失した　2 お腹帯に入れる「安産御守」　3 日蓮宗のゆるキャラ「こぞうくん」のストラップ

DATA　住 東京都大田区池上1-1-1　交 東急「池上駅」下車 徒歩10分　時 境内自由

真言を唱えながら作る
胡麻豆腐

高野山に来たら
味わいたい
風味豊かな
胡麻豆腐

高野山の名物として知られる胡麻豆腐の老舗「濱田屋」は、明治時代に豆腐店として開業したのち、高野山のお土産として胡麻豆腐を作るようになりました。胡麻と葛、水の3種類の材料だけで作る胡麻豆腐はプルンとした食感となめらかな口当たりで、濃厚な胡麻の風味が魅力です。お大師様のお膝元であることから、胡麻豆腐の製造工程で般若心経1巻と大師御宝号3遍を唱えながら作っているのだそう。また、週末と祝日には数量限定で食べられる抹茶胡麻豆腐もおすすめ。持ち帰って味わうには事前にご予約を。

DATA／濱田屋

住 和歌山県伊都郡高野町高野山444
交 南海高野山ケーブル「高野山駅」から南海りんかんバス「小田原通り」下車 徒歩1分 時 9:00〜17:00
※売り切れ次第終了 休 不定休

金剛峯寺《こんごうぶじ》

和歌山県 伊都郡

平安時代に弘法大師によって開かれた、高野山真言宗の総本山で平成27（2015）年に開創1200年を迎えました。高野山全体が境内地で、さまざまな建物を備えた日本仏教の一大聖地です。東西60m、南北70mの主殿は大広間の襖絵や石庭など見どころが多く、風格を感じさせる佇まいに圧倒されます。

1 厳かな空気が漂う境内　2 金剛峯寺の大広間。襖絵には群鶴や松が描かれている　3 高野山の本堂にあたる金堂内部。ここでさまざまな儀式が執り行われる　4 根本大塔は美しい朱塗りが印象的　5 根本大塔の内部は大日如来、四仏の彫刻像で立体曼荼羅の世界を表現

DATA／（住）和歌山県伊都郡高野町高野山132　（交）南海高野山ケーブル「高野山駅」から南海りんかんバス「金剛峯寺前」下車 徒歩すぐ　（時）8:30～17:00

米、水、糀で作られた
昔ながらの甘酒

明神甘酒

DATA／天野屋

住 東京都千代田区外神田2-18-15
交 JR・地下鉄「御茶ノ水駅」下車 徒歩５分
時 月～土10:00～18:00、祝日10:00～17:00
休 日（12月2週目～3月末の日は無休）

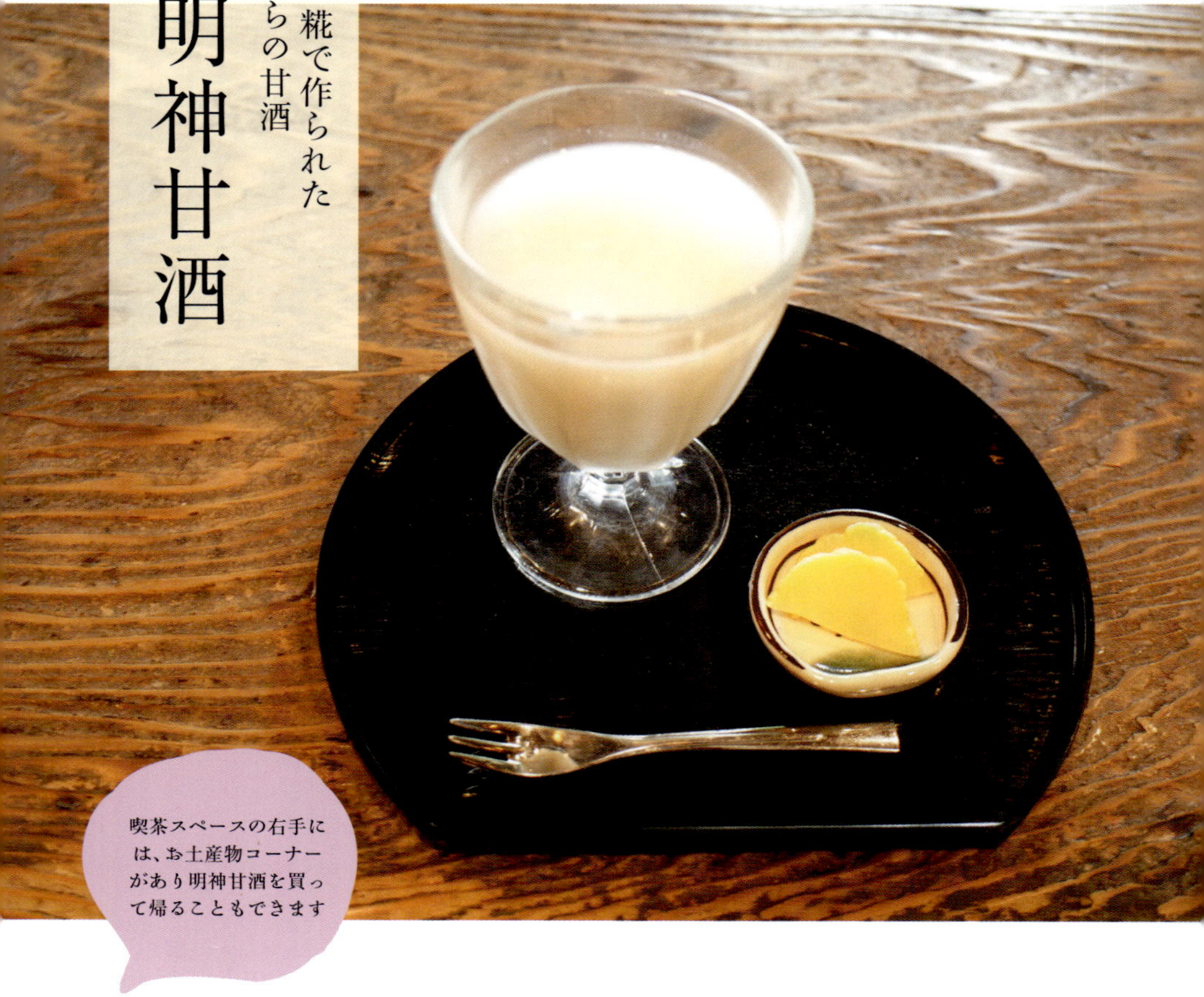

喫茶スペースの右手には、お土産物コーナーがあり明神甘酒を買って帰ることもできます

鳥居の隣に店を構える、弘化３（１８４６）年創業の「天野屋」で供される「明神《みょうじん》甘酒」。江戸時代から変わらず、お店の地下６ｍにある天然の「土室《つちむろ》」で作る糀《こうじ》を使った甘酒です。砂糖を一切使わず、糀と米のまろやかな味わいが特長。江戸っ子が夏バテの防止に飲んでいたという甘酒ですが、天野屋では夏は冷たい「冷やし甘酒」や「氷甘酒」、冬は「甘酒」が喫茶スペースでいただけます。

1

神田神社《かんだじんじゃ》

東京都 千代田区

創建は天平２（730）年、江戸時代には江戸城の鬼門を守る神様として現在の地に遷座し、江戸の総鎮守として篤く崇敬されました。今では東京の中心である神田や日本橋、秋葉原、大手町など108町の氏神として信仰されています。

1 平成28（2016）年に遷座400年を迎えた神田神社は、「明神さま」と呼ばれ親しまれてきた　2 昭和50（1975）年に建立された随神門。門の中に安置される随神像は、企業家・松下幸之助が奉納したもの　3 結び文をモチーフにした朱色と青の飾り玉つきの「縁結び御守・小」。縁結びの神様・大国主命をお祀りしていることから、縁結びにもご利益がある

DATA ／ 住 東京都千代田区外神田2-16-2　交 JR・地下鉄「御茶ノ水駅」下車 徒歩5分　時 境内自由

2

3

玉兎

彌彦大神が諭した
ウサギをかたどった粉菓子

江戸時代の文政4（1821）年、畳職人がウサギ型の饅頭を売り出したことで、ウサギ菓子が弥彦《やひこ》の名物になりました。はるか昔、弥彦山に住んでいたウサギが里に下り、田畑を荒らして人々を困らせていました。彌彦大神《やひこおおかみ》がウサギ狩りをさせ、集めたウサギたちを諭すと悪さをすることはなくなり、感謝した人々がウサギをかたどったお菓子を作って神前にお供えしたといいます。今ではチョコレートなどさまざまなウサギ型の菓子が作られています。

DATA／誠月堂

住 新潟県西蒲原郡弥彦村弥彦2566-2 交 JR「弥彦駅」下車徒歩９分 時 7:00～19:00
休 無休

彌彦神社 いやひこじんじゃ

新潟県 西蒲原郡

御祭神は天照大御神《あまてらすおおみかみ》の曾孫《ひまご》にあたる天香《あめのかご》山命《やまのみこと》で、創建年代は定かではありませんが和銅４（711）年に御神域を広げて社殿を造営したとの記録が残っている古社です。越後一宮として篤く信仰され、地元の人々から「おやひこさま」として親しまれてきました。

1

2

3

1 背後の弥彦山は天香山命を祀った山として古くから崇敬されている　2 弥彦山からの清流・御手洗《みたらし》川にかかる御神橋「玉の橋」は神様の通り道とされる　3 縁結びの御神徳があるとして人気の「恋守」

DATA／住 新潟県西蒲原郡弥彦村弥彦2887-2 交 JR「弥彦駅」下車　徒歩15分 時 境内自由

徳川将軍家が命名した
厄除け団子

くし団子

法多山尊永寺ではお正月に徳川幕府の武運長久と天下泰平の祈禱をし、護符や名産品を献上する習わしがありました。江戸時代後期の嘉永7（1854）年、献上の際の手土産として門前の名物だった団子を持参したところ将軍家が「くし団子」と命名。尊永寺の参拝菓子として広く知られることになったのです。5本の串に刺された団子は厄除けの意味を込めた五体（頭・首・胴体・手・脚）を表し、厄除け団子として親しまれています。月一度の「功徳《くどく》日」の限定「お茶だんご」や季節限定の「桜だんご」なども人気です。

Check

仁王門の前には土・日・月だけ開かれる「門前ごりやくカフェ」や、土・日・月のランチタイムにだけ非公開の一乗庵を使って開かれる「ごりやくカフェランチ」もおすすめ。

DATA
だんご茶屋
時 8:00～17:00（飲食は16:30まで） 休 不定休

法多山尊永寺 はったさんそんえいじ

静岡県 袋井市

神亀2（725）年、聖武天皇の勅命を受けて開かれたお寺で1000年以上の歴史を有する古刹です。「厄除観音」とも呼ばれ、天皇家や豊臣秀吉といった武将に信仰されました。一年でもっともご利益があると伝わる7月10日にお詣りすると、4万6000日分のご利益があるといわれています。

1 高僧・行基によって開かれた法多山尊永寺は、境内の見どころも多く仁王門は国指定重要文化財に指定されている 2 7月9～10日に行われる行事「万灯祭」。本堂の前に参拝者が灯籠を奉納し、一帯に幻想的な雰囲気が漂う 3 11月3日には全国の団子を集めて行われる「全国だんごまつり」を境内で開催

DATA 住 静岡県袋井市豊沢2777 交 JR「袋井駅」から車で10分 時 境内自由

番外編

鹿島神宮の御神水で仕込む 御神水ビール

DATA ／ Paradise Beer Factory

住 茨城県鹿嶋市宮中1-5-1
交 JR「鹿島神宮駅」下車 徒歩7分
時 （ランチ）11:30〜14:00 （カフェ）14:00〜16:00 （ディナー）18:00〜21:00
休 日夜〜火、祝日夜

鹿島神宮の参道にある「Paradise Beer Factory」では、神社の境内にある御手洗《みたらし》池から湧き出る御神水を仕込み水として使用し、ビールを醸造しています。95度と日本では珍しい高い硬度の水はエールビールを醸すのに適しているといいます。仕込みの際には手作業で神社まで汲みに行き、タンクを手持ちして醸造所まで運んでいるのだそう。また、世界的にも珍しい、ブルワリー自らが農薬や堆肥、肥料を一切与えない自然栽培でビール麦をつくるところから携わるというこだわりぶりです。

1

2

3

1 現在の御本殿は江戸時代の造営で重要文化財に指定されている 2 こんこんと湧き出る御神水をたたえた御手洗池 3 水戸藩の初代藩主・徳川頼房が寄進した楼門は阿蘇神社(熊本)、筥崎宮(福岡)と並んで三大楼門のひとつに数えられる 4 軍神をお祀りすることから勝ちを納めたい人に人気の「勝守」 5 鹿島神宮の神使である鹿の土人形がついた「神鹿みくじ」 6 開運出世にご利益があるという「鹿島立守」 7 願い事をしながら糸を結ぶ「帯占い」。ひとつの円ができたら願い事が叶うといわれている

DATA ／ 住 茨城県鹿嶋市宮中2306-1 交 JR「鹿島神宮駅」下車 徒歩10分 時 境内自由

4

5

6

7

鹿島神宮《かしまじんぐう》

茨城県 鹿嶋市

神武天皇元（紀元前660）年の創建と伝わる古社で、平安時代に編纂された全国神社一覧である『延喜式神名帳《えんぎしきじんみょうちょう》』に伊勢神宮、香取神宮とともに“神宮”の社号で記載された三社のひとつです。武甕槌大神《たけみかづちのおおかみ》を御祭神としてお祀りし国家鎮護の軍神、朝廷の守護神として崇敬されてきました。

桃太郎にちなんだ珍しいみたらし団子

たかきび団子

DATA ／ 吉備のおかげ茶屋

時 9:00〜16:00

休 火、水（祝日の場合は営業）

誰もが一度は耳にしたことのある昔話「桃太郎」。そのお話のモデルといわれるのが吉備津彦神社の御祭神・大吉備津彦命《おおきびつひこのみこと》です。吉備津彦神社の名物として知られるのが、境内の「吉備のおかげ茶屋」で食べられる「たかきび団子」。甘いタレがかかったみたらし団子。桃太郎が腰につけた〝きび団子〟にちなみ、岡山県産の穀物・たかきびを使用した、珍しいみたらし団子です。

1 「吉備の中山」の東麓に建つ備前國一宮の御社殿　2 陶器製のめずらしい「白桃みくじ」　3 桃の形をした御守りやおみくじ、絵馬などかわいらしい授与品も

DATA ／ 住 岡山県岡山市北区一宮1043　交 JR「備前一宮駅」下車 徒歩3分　時 6:00〜18:00

吉備津彦神社 きびつひこじんじゃ

岡山県 岡山市

桃太郎伝説ゆかりの地としても知られる古社。吉備の国を平定するため朝廷から遣わされ、のちに現人神《あらひとがみ》として崇められた大吉備津彦命を御祭神としてお祀りしています。永住された吉備の中山の麓の屋敷跡に社殿が建てられたのが始まりといわれています。

第四章

祭礼限定のお菓子

年に一度の社寺の祭礼や祭事など、限定でいただける社寺ゆかりのお菓子たち。食べられるタイミングは限られていますが、お祭りに合わせてお詣りに行くのもおすすめ。

あぶりもち

祀って身代わり、食べて厄落とし

江戸時代から300年以上の歴史をもつ、神明宮の「あぶりもち神事」は全国でもここだけの珍しい神事です。年に2回、5月の春季例大祭と10月の秋季例大祭に行われます。この祭礼では社殿で奉納の餅搗《もちつ》きが行われるほか、境内で味噌だれ味の食べるあぶりもちと、家屋の中にお祀りする御守り「あぶりもち家守《いえまもり》」の2種類を授与しています。御幣《ごへい》形に串刺しにしたお餅は家屋にお祀りすると災難の身代わりになってくれるほか、食べれば身体の災厄を逃れるとする信仰があり、祭礼期間中は多くの人がお餅を求めて神社へお参りにやってきます。

1 日本三大神明宮のひとつに数えられている　2 神明の大ケヤキは枝幅25mという大きさ　3 社殿で実際に餅を搗き、あぶりもちを作って御神前に奉納する　4 地元・金沢の焼き物・九谷焼で奉製された特別頒布品も人気　5 神棚や家の中にお祀りする「あぶりもち家守」は、割れたりひびが入ると悪事災難の身代わりになってくれたとして吉とされている

神明宮《しんめいぐう》

石川県 金沢市

地元の人から「お神明さん」と親しまれる神社で、加賀の大社として加賀藩の歴代藩主の信仰が篤く、前田家の手厚い保護を受けた金沢旧五社のひとつです。5代藩主・前田綱紀は神明宮を氏神にしたほど。参道の脇にそびえる高さ約33m、幹の周囲7.83mの推定樹齢1000年といわれるケヤキは県内最大の大きさで、神明宮のシンボルであり、その樹皮で作られた「千年樹守」も頒布しています。

DATA／㊟ 石川県金沢市野町2-1-8
㊇ JR「金沢駅」からタクシーで約10分 ㊐ 境内自由　社殿 10～4月 6:00～17:30／5～9月 6:00～18:30　神門 10～4月 5:30～17:30／5～9月 5:30～18:30

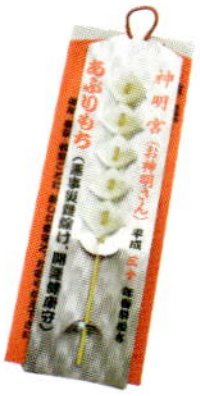

厄除招福を祈る

山王嘉祥祭

1

毎年6月16日に行われる「山王《さんのう》嘉祥《かしょう》祭」は、和菓子の発展と疫難退散と健康招福を祈る行事です。嘉祥元（848）年の6月16日にお餅や水菓子など16種類のお菓子をお供えし、疫病退散を祈願したという伝承から「嘉祥の日」といわれるようになりました。「嘉祥の日」には宮中でお菓子の贈答が行われたほか、江戸時代には江戸城の広間に羊《よう》羹《かん》などのお菓子が大量に用意され、登城した各藩の大名や旗本へと下賜《かし》される行事を行いました。明治になるとこうした行事は廃れましたが、日枝《ひえ》神社では昭和53（1978）年から「山王嘉祥祭」として行事化。毎年6月16日に執り行われるようになったのです。

「山王嘉祥祭」では全国和菓子協会の関係者が参列し、宮司による祝詞《のりと》奏上のあと、古式ゆかしい衣装をまとった東京和菓子協会の職人が「菓子司《かしつかさ》」として御神前で煉切《ねりきり》を作ってお供えし、巫女の「悠久の舞」が奏されます。その後、参列者の代表がお榊《さかき》を奉納し疫難退散と健康招福を祈ります。すべての祭典が終了した後、御神前に奉納された和菓子を一般の参列者にお披露目するとともに、境内で饅頭やお茶が振る舞われます。

2

3

4

日枝神社《ひえじんじゃ》

東京都 千代田区

江戸城の鎮護として歴代の徳川将軍家から厚く崇敬された神社で、厄除けや社運隆昌、商売繁盛の神様として知られています。江戸市民から総氏神として信仰され、6月に行われた「山王祭」は江戸っ子を熱狂させる大きなお祭りで、神田祭（神田神社）や深川祭（富岡八幡宮）と並ぶ「江戸の三大祭」でした。将軍も上覧したため「天下祭」とも呼ばれました。

1 菓子司が調製したふたつの煉切。左はあやめ、右は日枝神社の社紋にちなんだ二葉葵　2 厳かな雰囲気のなか、菓子司が御神前で奉納する煉切を作る　3 昔の技法で作られた虎屋の「嘉祥菓子」も共に献じられる　4 都心の高層ビル群に鎮座する。御祭神は大山咋神《おおやまくいのかみ》をお祀りしている　5 4人の巫女による「悠久の舞」は、もともと男性の舞だったものを昭和39（1964）年に行われた東京オリンピックを奉祝し、女舞に振り付けた神楽舞　6 神使である神猿をあしらった結び文の形をした御守り「縁結び守」が人気

DATA ／ 住 東京都千代田区永田町2-10-5
交 地下鉄「赤坂駅」下車 徒歩３分　時 境内自由

5

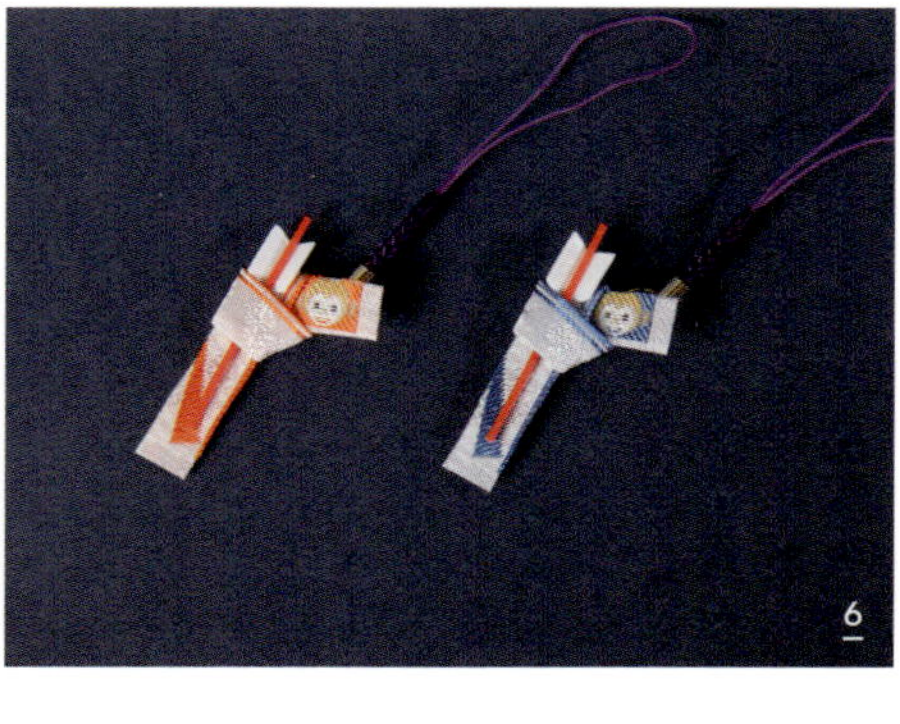

6

多数の饅頭が奉納される

饅頭まつり

　室町時代初期、中国から来日した林浄因《りんじょういん》は肉食が禁じられた僧侶のため、小豆を餡にした饅頭を考案しました。漢國神社の境内社・林《りん》神社は饅頭の始祖として和菓子商から崇敬された林浄因を御祭神にお祀りしています。紅白の饅頭を林浄因が埋めたと伝わる饅頭塚も。命日の4月19日には、全国の菓子製造業者が参列して「饅頭まつり」が執り行われます。紅白饅頭や菓子類が全国から献上され、業界の繁栄を祈願する祭典です。境内では饅頭を製造実演し、参拝者に振る舞われることから毎年たくさんの人たちが甘い直会《なおらい》に舌鼓を打ちます。

漢國神社　かんごうじんじゃ

奈良県 奈良市

　飛鳥《あすか》時代の推古天皇元（593）年の創建と伝わる古社で、勅命によって大物主命《おおものぬしのみこと》をお祀りしました。養老元（717）年には、藤原不比等が大己貴命《おおなむちのみこと》と少彦名命《すくなひこなのみこと》を合祀しています。境内には林浄因の子孫が植えたとされる梅の花や、境内社・林神社の社殿前には狛犬ならぬ珍しい饅頭の石像が置かれているなど見どころも多くあります。

1　饅頭まつりが行われる境内社の林神社。御神饌には林浄因の末裔である塩瀬総本家の饅頭も供えられる　2　全国の菓子製造業者から奉納されたお菓子の数々　3　宮司による祝詞奏上の後、参列者とともに業界の発展を祈願する　4　参拝者に振る舞われる饅頭は当日境内で作られる　5　御本殿は桃山時代の建造物で三間社流造《さんげんしゃながれづくり》、檜皮葺《ひわだぶき》で奈良県の指定文化財になっている　6　林神社の社殿両脇には石でできた饅頭がある　7　子孫繁栄を願って結婚時に林浄因が饅頭を埋めたと伝わる饅頭塚

DATA ／ 住 奈良県奈良市漢国町2　交 近鉄線「近鉄奈良駅」下車 徒歩3分　時 境内自由

伊勢崎市の新春恒例神事

上州焼き饅頭祭

鏡開きの日でもある1月11日に行われる「上州《じょうしゅう》焼き饅頭祭」は、御神前で直径55cm、重さ5kgもの巨大な大饅頭を焼き、参列者に「福分け」として焼き上がった饅頭を振る舞う神事です。14時から社殿で「福まん神事」が行われ〝饅頭のように幸せが大きく膨らみますように〟と祝詞《のりと》を奏上。その後、社殿の前に4つの特大饅頭が運ばれて年男・年女が朱色で思いを込めた文字を書き入れる〝願い文字の儀〟が行われ、竹串に刺した饅頭に巨大な刷毛で味噌ダレを塗ってこんがり焼き上げます。

1 宮司によって斎行される「福まん神事」。巨大な饅頭が御神前にお供えされ、祝詞を奏上する 2 饅頭に願いを込めた漢字1文字が書かれる。その年によって書かれる文字は異なる 3 御祭神には農作物や魚など多くの物を生み出し、産業を司る保食神《うけもちのかみ》をお祀りしている 4 拝殿に祀られた木製の巨大なプロペラ。渡航安全、航空安全を祈願して中島飛行機から奉納されたもの

伊勢崎神社 いせさきじんじゃ

群馬県 伊勢崎市

建保元（1213）年の創始と伝わる伊勢崎の鎮守様で、かつては「飯福《いいふく》神社」と呼ばれていました。近郷の神社を合祀して大正15（1926）年に現在の社名である伊勢崎神社に改称しています。伊勢崎市に戦前、飛行機の工場があったことから渡航安全や航空安全などの祈願が行われ、神社に奉納された飛行機のプロペラを今も見ることができます。

DATA／住 群馬県伊勢崎市本町21-1 交 JR・東武鉄道「伊勢崎駅」下車 徒歩10分 時 境内自由

節分会に食べる厄除けの餅菓子

法螺貝餅

DATA ／ 柏屋光貞

住 京都府京都市東山区安井毘沙門町33-2

交 京阪「祇園四条駅」下車 徒歩８分

時 9:00～18:00　休 日、祝日

厄を祓《はら》い、1年の無病息災を祈る節分。「法螺《ほら》貝《がい》餅」は白味噌の餡を使用し、甘く煮付けたゴボウを刺して吹き口に見立て、小麦粉の生地をのばしてクレープのように焼いた皮を巻いた厄除けのお菓子です。法螺貝は修験道の法具のひとつで、修験道では大きな音で吹いて厄災を落とすと考えられています。聖護院の門主・岩本光徹が節分会《せつぶんえ》の護摩供養後に一般の参拝者に振る舞う菓子として京都の菓子匠「柏屋《かしわや》光貞《みつさだ》」の9代目に依頼し、考案されたのだといいます。節分の日の2月3日にだけ販売し、今では予約しないと入手できないほどの人気ぶりです。

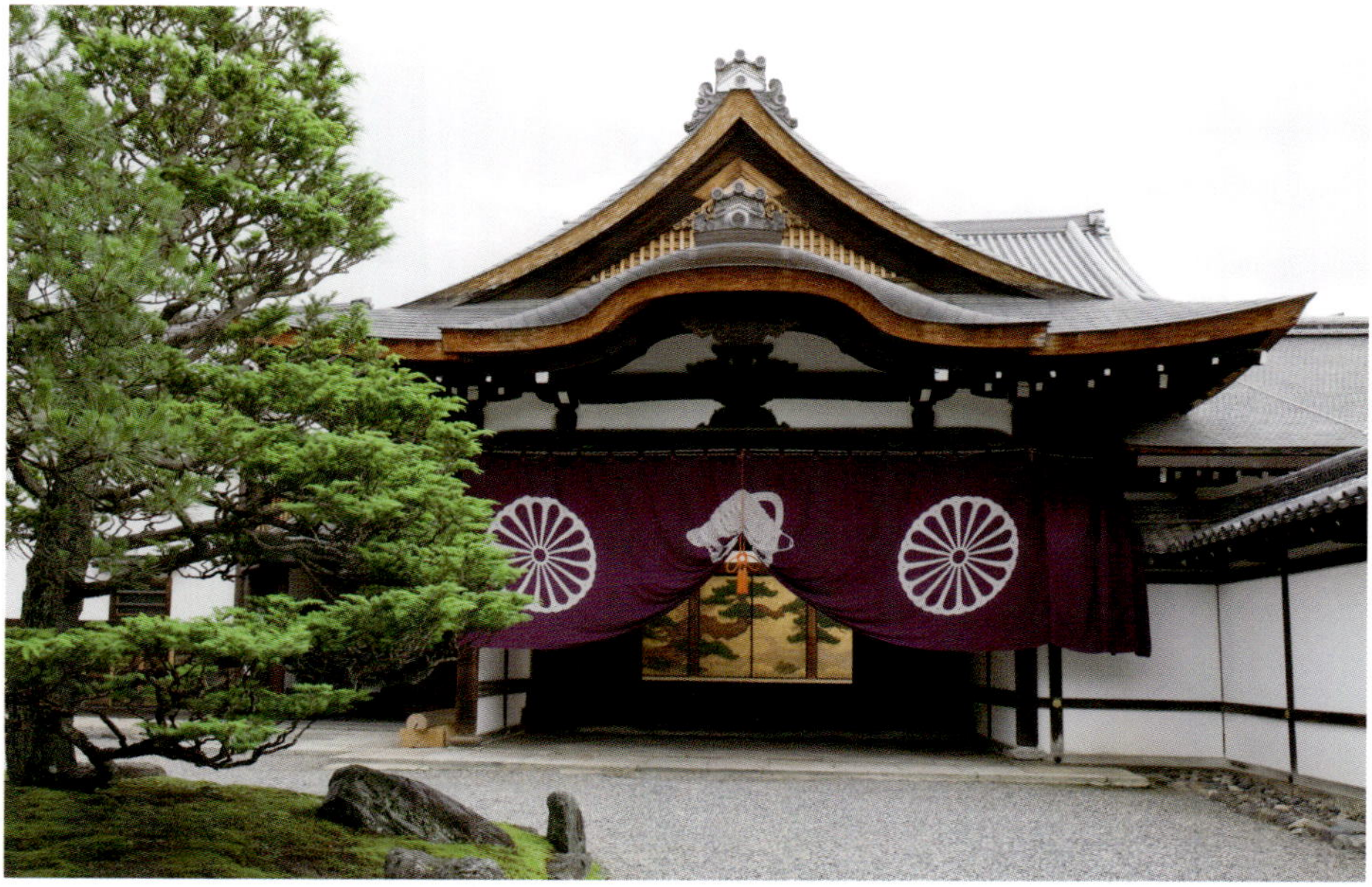

1

2

3

聖護院《しょうごいん》

京都府 京都市

寛治4（1090）年、増誉《ぞうよ》僧正によって開かれた本山修験宗の総本山で、明治時代まで皇族や摂関家が代々門主（住職）を務めてきた格式の高い寺院です。天明8（1788）年に内裏《だいり》が炎上した際には仮の皇居となりました。華麗な障壁画や仏教美術が多く遺されており、定期的に行われる特別拝観は必見です。

1 皇室から25代もの門跡が誕生している　2 特別拝観の期間は公式サイトで情報確認を　3 聖護院だけの法螺貝のおみくじ

DATA／住 京都府京都市左京区聖護院中町15　交 JR「京都駅」から市バス「熊野神社前」下車 徒歩５分　時 9:30〜16:30（9〜3月）／9:30〜17:00（4〜8月）

DATA ／ 鈴懸本店

住 福岡県福岡市博多区上川端町12-20ふくぎん博多ビル1階

交 地下鉄「中洲川端駅」下車 徒歩すぐ

時 9:00～20:00　休 1月1、2日

DATA ／ 石村萬盛堂本店

住 福岡県福岡市博多区須崎町2-1

交 地下鉄「中洲川端駅」下車 徒歩５分

時 9:00～19:00　休 1月1日

数百年の歴史をもつ厄除けのお菓子

祇園饅頭

祇園祭の時期にだけ博多市内にある2つの菓子舗で販売される祇園饅頭は、ほんのりとお酒の香りがする生地にたっぷり餡が詰まった酒饅頭。博多では7月の朔日《さくじつ》に神棚にお供えした祇園饅頭をみんなで食べて、博多祇園山笠の期間中の災難を祓う習慣があります。江戸時代には各家庭で作った饅頭を神棚にお供えし食べていましたが、今では「石村萬盛堂《いしむらまんせいどう》」と「鈴懸《すずかけ》」の2社だけが櫛田神社から御神紋を使うことを許され、販売しています。

1

2

3

櫛田神社 くしだじんじゃ

福岡県 福岡市

博多っ子から「お櫛田様」と親しまれている総鎮守で、創建は奈良時代と伝えられている古社です。日本三大祇園祭のひとつに数えられる「博多祇園山笠」は、700年以上の歴史ある祭礼で「祇園例大祭」が正式名称。7月1日から7月15日にかけて開催されます。

1 霊泉「鶴の井戸」を始め県の天然記念物である大イチョウ「櫛田の銀杏」など見どころも多い　2 「博多祇園山笠」で使用される山笠が6月を除き常設展示されている　3 一年を通してさまざまな行事が行われる。節分祭には巨大なおたふく面が設置される

DATA ／ 住 福岡県福岡市博多区上川端町1-41　交 地下鉄「中洲川端駅」「祇園駅」下車 徒歩8分　時 4:00〜22:00

Check

祭りの起源

祭りの起源には諸説あり、一説によると博多で流行した疫病を退散させるため仁治2(1241)年に承天寺の聖一国師が施餓鬼棚《せがきたな》に乗り、水をまいて回ったのが始まりだといわれている。やがて夏になると鎮守社である櫛田神社に山笠を舁《か》いて奉納する行事に変貌し、700年以上続けられてきた。数百人から数千人の男たちが山笠を舁いて回る勇壮な姿は必見だ。

DATA／

京菓匠 笹屋伊織（本店）

住 京都府京都市下京区七条通大宮西入花畑町86　交 JR「京都駅」下車 徒歩20分　時 9:00～17:00　休 火（20～22日は営業）

弘法大師の月命日に食べられる限定品

どら焼

どら焼きと聞くと、丸く焼いた生地にたっぷりの餡を挟んだ和菓子を思い浮かべますが、東寺ゆかりの「どら焼」は一風変わった棹状のどら焼きです。享保元（1716）年に創業した「笹《ささ》屋《や》伊《い》織《おり》」は、江戸時代の末期に東寺から「修行僧の副食用の菓子を作って欲しい」という依頼を受けました。そこで溶いた小麦粉をお寺でも作れるよう銅《ど》鑼《ら》を使って薄く焼き、こし餡を巻いた筒型のお菓子を考案。やがて京の町で大評判を得た「どら焼」は、広く行き渡るよう東寺参詣のお土産用に、弘法大師の月命日にあたる21日だけの限定品として販売をはじめ、現在では前後の20～22日の3日間、購入できるようになりました。

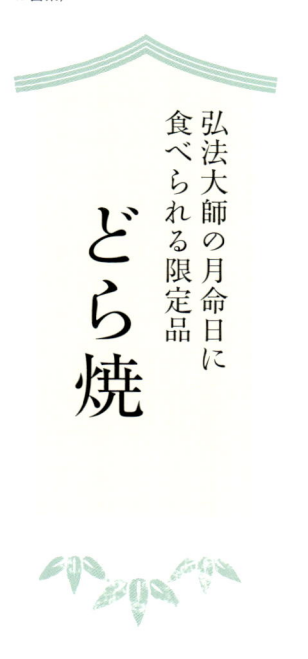

1

2

3

東寺（教王護国寺）

とうじ（きょうおうごこくじ）

京都府 京都市

延暦15（796）年に国家鎮護のため建立され、その後唐から密教を学んで帰国した空海（弘法大師）に下賜された真言宗の総本山です。月命日の21日に参詣すると功徳《くどく》があるといわれ、大勢の人がお詣りにやってきました。室町時代に茶屋が開き、江戸時代には物を売る「弘法市」として親しまれ、京都で暮らす人々は年越しに必要な物を、この「弘法市」で買い揃えるといいます。

4

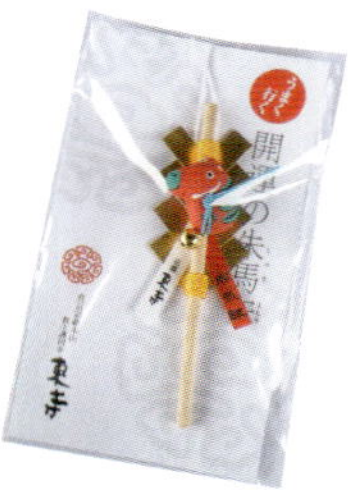

5

1 創建1200年を超える唯一の平安京遺構　2 12月の「終い弘法」と１月の「初弘法」は特に賑わう　3 骨董品も並び訪日外国人も多く足を運ぶ　4 東寺に咲く蓮の花で染めた「腕輪守」　5 弘法大師の絵馬占いにちなんだ御守り

DATA／ 住 京都府京都市南区九条町１　交 阪急「大宮駅」から市バス「東寺東門前」下車 徒歩すぐ　時 8:00〜17:00（16:30 拝観受付終了）

粉菓子

金花糖

砂糖でできた天神さま

天神講菓子

学問の神様・菅原道真公を偲《しの》び命日の2月25日に行われる天神講の行事。子供の成長と学業成就、合格を祈る全国各地に残る風習です。2月になると新潟県燕《つばめ》市では、菅原道真公の御神像をかたどったお菓子が並ぶようになります。中に餡が入った粉菓子や、砂糖を型に流して固めた金花糖、生菓子などが作られ、どれもカラフルな色彩が特長。天神さまのほかにも鯛や亀、松など縁起の良いモチーフもあり、お供えした後に食べると勉強ができるようになるとの伝承があります。

1　天神講に先立ち、市内の戸隠神社境内にある天満宮に菓子業者が集まって斎行される「天神講祈願祭」。お菓子を買った人たちの学力向上を祈るとともに、使用する木型を祓い清める　2　天神講の菓子や文化の普及のため、市が中心となって毎年行っている天神講の菓子展「越後つばめの天神講」の様子。お菓子を作る職人も年々減ってきているという

生菓子

金花糖

石川県
神明宮　P110

富山県
射水神社　P44

山形県
熊野大社　P38

新潟県
彌彦神社　P104

北海道
北海道神宮　P92

北海道神宮

福島県
南湖神社　P89

茨城県
鹿島神宮　P106

埼玉県
川越氷川神社　P22
氷川神社　P69

東京都
明治神宮　P20
金剛院　P34
乃木神社　P42
芝大神宮　P50
亀戸天神社　P67
浅草寺　P72
髙尾山薬王院　P85
池上本門寺　P99
神田神社　P102
日枝神社　P112

千葉県
櫻木神社　P45

神奈川県
明月院　P32
長谷寺　P36
御霊神社　P62
鶴岡八幡宮　P86
江島神社　P88
川崎大師平間寺　P96

群馬県
伊勢崎神社　P116

静岡県
來宮神社　P25
法多山尊永寺　P105

愛知県
熱田神宮　P76
津島神社　P84

明治神宮

SWEETS SAMPAI MAP

スイーツ参拝MAP

石清水八幡宮

京都府
下鴨神社（賀茂御祖神社） P26
石清水八幡宮 P40
河合神社 P52
貴船神社 P60
北野天満宮 P64
伏見稲荷大社 P68
三宅八幡宮 P70
城南宮 P74
今宮神社 P75
平野神社 P78
八坂神社 P80
愛宕神社 P83
立本寺 P90
等持院 P98
聖護院 P118
東寺（教王護国寺） P122

伊勢神宮

三重県
伊勢神宮 P54

滋賀県
多賀大社 P91

由加神社本宮

岡山県
高蔵寺 P28
由加神社本宮 P82
吉備津彦神社 P108

大阪府
萬福寺 P30

島根県
出雲大社 P58

福岡県
宮地嶽神社 P46
太宰府天満宮 P94
櫛田神社 P120

長崎県
諏訪神社 P63

鹿児島県
南洲神社 P24

宮崎県
宮崎神宮 P48

和歌山県
金剛峯寺 P100

奈良県
春日大社 P18
氷室神社 P49
丹生川上神社下社 P66
漢國神社 P114

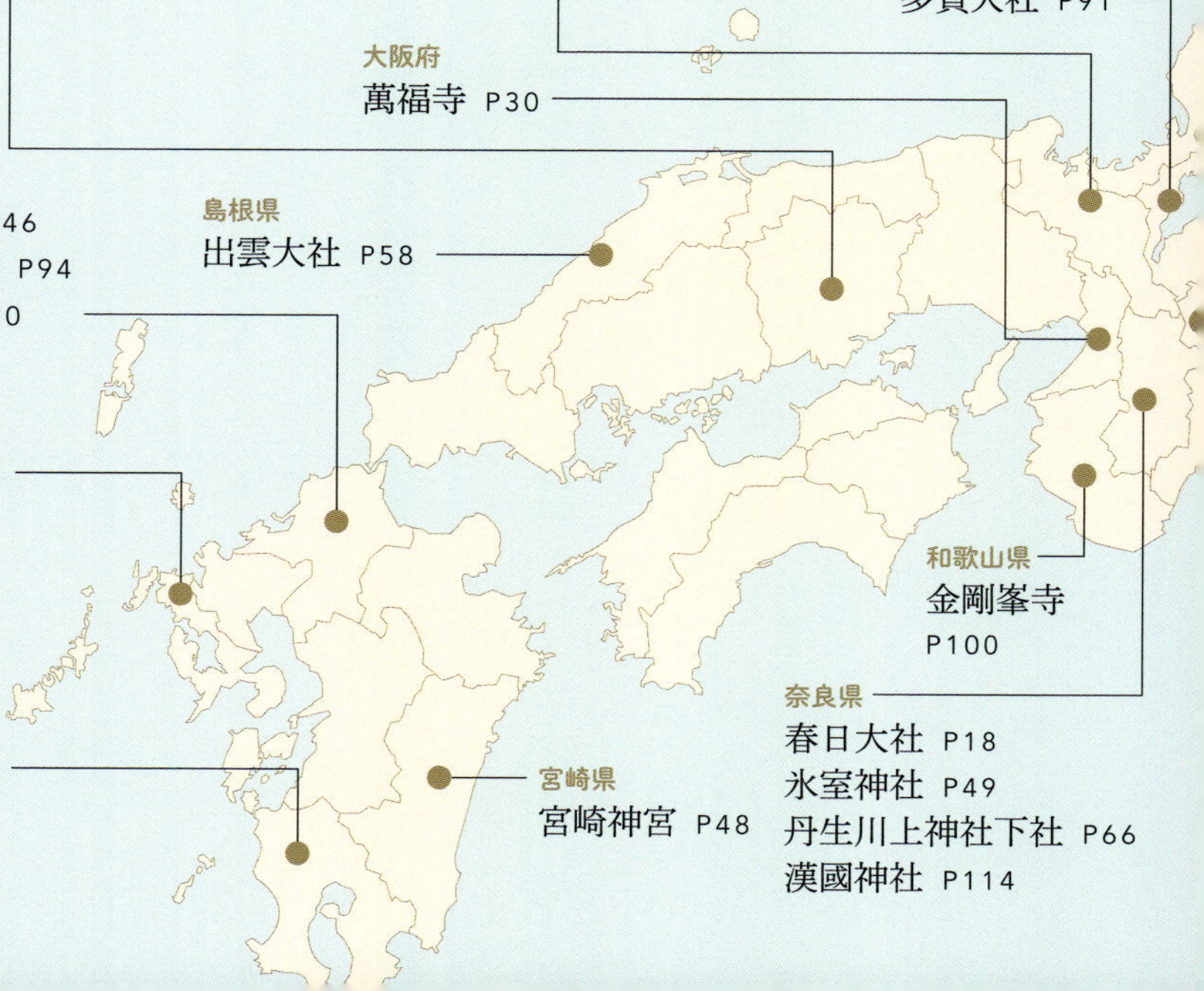

PROFILE

大浦春堂

社寺ライター、編集者。雑誌やWEBマガジンへ社寺参りに関する記事の寄稿を行う。著書に『御朱印と御朱印帳で旅する神社・お寺』(マイナビ出版)のほか、『神様とつながる暮らし方』(彩図社)、『神様が宿る御神酒』(神宮館)などがある。

画像協力

福岡県福岡市／新潟県燕市／博多祇園山笠振興会／東寺出店運営委員会／京都市メディア支援センター／国立国会図書館／京都の和菓子☆ドットコム(http://kyoto-wagasi.com/)／東寺(教王護国寺)／Digital Life Innovator(https://digitallife.tokyo/)

掲載にあたりご協力くださった神社、お寺、和菓子店、各団体の皆様に厚く御礼申し上げます。

参考書籍

『日本歳事辞典　まつりと行事』儀礼文化研究所(大学教育社)
『石城志 巻6』津田元貫(筑紫史談会)
『駅名で読む江戸・東京』大石学(PHP新書)
『伊勢志摩歴史紀行』中村菊男(秋田書店)
『大田区史(資料編)民俗』大田区史編さん委員会
『塩瀬六百五十年のあゆみ　まんじゅうの歴史』川島英子(塩瀬総本家)
『神道の本』三橋健(西東社)
『神道いろは　神社とまつりの基礎知識』神社本庁教学研究所監修(神社新報社)
『改訂新版　祇園祭のひみつ』(白川書院)
『知識ゼロからの神社と祭り入門』瓜生中(幻冬舎)
『静岡市の史話と伝説』飯塚傳太郎(松尾書店)
『日本名菓辞典』守安正(東京堂出版)
『ふるさと百話　第11巻』(静岡新聞社)
『日本のたしなみ帖 和菓子』現代用語の基礎知識編集部(自由国民社)
『国立歴史民俗博物館研究報告 第155集』(国立歴史民俗博物館)
『「まつり」の食文化』神崎宣武(角川選書)
『和菓子を愛した人たち』虎屋文庫(山川出版社)

神社《じんじゃ》とお寺《てら》　おいしいお詣《まい》りスイーツ

2018年7月10日　第1刷発行

著　者　大浦春堂《おおうらしゅんどう》
発行者　渡瀬昌彦
発行所　株式会社講談社
〒112-8001　東京都文京区音羽2-12-21
電話番号　編集　03-5395-3560
販売　03-5395-4415
業務　03-5395-3615
印刷所　凸版印刷株式会社
製本所　株式会社国宝社

デザイン　BLUE DESIGN COMPANY
イラスト　おぐらなおみ
編集協力　かざひの文庫

N.D.C.596 127p 21cm

定価はカバーに表示してあります。
ISBN978-4-06-511820-7